乳児保育
nyujihoiku

一人一人を大切に

加藤敏子 編著

冨永由佳

萌文書林

はじめに

　近年、保育所における「乳児保育」への期待は大きくなっている。乳児は、母親の胎内で40週もの間守られながら、人として必要なプログラムを身につけて、この世に誕生する。乳児期は、人生の中で最も成長発達する時期でもある。誕生後1年で体重は出生時の3倍、身長は1.5倍にもなる。子どもの心も身体と同じように、めざましい発達をみせる。

　保育にあたる者は、一人一人をしっかり受けとめ、言葉で訴えるすべをもたない乳児が、何をしてほしいと求めているかを的確にとらえる必要がある。そのためには、子どもの目の動きや小さな行動表情を見逃さず、ここちよいスキンシップを惜しまず実践することが必要になる。

　しかし、乳児の心理や生理的な特徴を熟知していなくては、とっさに行動へ移すことはできない。そのために「乳児保育」はもちろん、「保育原理」「保育の心理学」「子どもの食と栄養」「子どもの保健」「子ども家庭福祉」などを学ぶ必要がある。

　「赤ちゃんのイメージは？」と最初の授業のとき学生に問いかけたら、「ふわふわしてる」「天使みたい」「さわると壊れそう」「守ってあげたい」「幸せを運んでくれる」「こわい！」「どうやってあげたらよいのかわからない」「よく泣く」……などがあった。学生らしいといえる。

　乳児保育が目指すものは、肉親が子どもを育むような保育に近づけることだと考える。泣き声にいち早く反応して近づき、やさしく声をかけ、スキンシップをしながら子どもの"不快"を"快"へ変えていくことだと思う。自分の身内を預けたいと思える保育環境を提供していくことでもある。保育所で一日のほとんどの時間をそこで生活する子どもたちが、楽しくいきいきと過ごし、心も体も健やかに育ってほしいと願いたい。

　保育者を目指す学生も、例外なく乳幼児とともに成長している実態がある。子どもに接して遊んだり、援助してはじめて、「かわいい」とか「保育にた

ずさわりたい」と思えるものだろう。小・中・高校までの体験学習を保育所で経験した学生が、保育の道を志していることもある。そのような機会を多くの人がもてることが望ましいと思う。

　本書は、これから保育を学び、第一線で即戦力となる質の高い保育者を目指す人たちの糧となるよう構成した。長期間保育の現場で実践を行い、保育者養成にたずさわった者ならではの理論と実践を結び、その橋渡しができるようにと努めた。

　保育学を学び、実践者－園長－養成教員－大学教員－大学院生－子育てセンター長（兼務）と歩み、聖徳大学以外にも他大学・専門学校・保育所（8か所）で研修、地方講演を続けている。その中で、自分が考えたこと、保育の道筋を本書にまとめた。

　萌文書林の社長、服部雅生氏とはじめて出会ったのが、昭和58年の都立高等保育学院の教員として就任した直後である。授業を進めやすくするには、自分でテキストをつくることだと考えてはいたが……筆をもつものの、いっこうに進まない。雑務に振り回されていた、親の介護、就職難の学生対応など、さまざまな言い訳をした。学会、協議会と年2回お逢いして「今年こそは」と言い続けた。頭のすみに何かに追われているような、自分史の上に忘れ物をしたような、すっきりしない日々を送っていた。

　聖徳大学に就任し20年が過ぎても、服部社長は変わらずお付き合いくださり、社長の寛大さに脱帽。今やらなければ残り少ない命、この世に悔いを残してはならないと奮起し、限られた時間の中で書き始めた。

　本書は長年、保育実践と養成にかかわった者ならではの経験をわかりやすくまとめることを第一に取り組んだ。一番あれこれ言いやすい相棒と二人で書くことにした。

　まだまだ手を入れたいと考えながら出版に踏みきった。皆様のあたたかいご指摘やご意見をいただけるとありがたい。出版に際しご協力いただいた萌文書林の服部雅生氏、服部直人氏、永井佳乃氏、赤荻泰輔氏に心よりお礼申し上げたい。

　　2011年9月

　　　　　　　　　　　　　　　　　　　　　　　　加藤　敏子

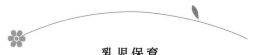

乳児保育
―――一人一人を大切に―――

◆

もくじ

◆

はじめに　2

第1章
乳児保育の意義

1．乳児保育とは …………………………………… 10
　（1）乳　　児　10
　（2）胎児期　11
　（3）新生児期　13

2．保育ニーズと乳児保育の必要性 …………………… 14
　（1）保護者の就労を支える乳児保育　15
　（2）子どもの発達をより確かなものに　17
　（3）地域における子育て支援　18

第2章

乳児保育の歴史と現状

1．保育所における0歳児保育 —— 20

（1）保育所の転換期　22
（2）保育者養成機関の乳児保育のカリキュラム　22
（3）乳児の受け持ち人数は　23
（4）保育者の労働時間は「星を見て出勤、星を見て帰宅」　23
（5）保育をとり巻く時代背景とその変遷　24

2．乳児保育の実際 —— 28

（1）乳児保育の実態　28
（2）保育所（児童福祉施設・通所施設）　29
（3）乳児院　34
（4）家庭的保育事業（保育ママ）　36
（5）認定こども園　37

第3章

3歳未満児の発達と保育

1．発達の特性 —— 40

（1）身体的発育　41
（2）身体諸機能の発達　43
（3）愛着関係　48

2．年月齢別発達と保育 —— 50

（1）誕生～6か月未満　50

（2）6か月〜1歳3か月未満　　58
（3）1歳3か月〜2歳未満　　66
（4）2歳〜3歳未満　　70

第4章 乳児保育の内容と方法

１．養護と教育が一体となった保育 ……… 76

２．3歳未満児の生活とは ……… 77

３．乳児期の生活 ……… 78

（1）乳汁・離乳食　　78
（2）睡　　眠　　86
（3）排　　泄　　88
（4）着 脱 衣　　90
（5）清　　潔　　92

４．1〜2歳児の生活 ……… 94

（1）離乳食から完了食・幼児食へ　　94
（2）睡　　眠　　98
（3）排　　泄　　100
（4）着 脱 衣　　103
（5）清　　潔　　105

５．3歳未満児の遊びとは ……… 109

６．乳児期の遊び ……… 110

（1）首がすわらない頃　　110

（2）首が座ったら　*110*
　　（3）お座りの頃　*112*
　　（4）ハイハイの頃　*113*
　　（5）つかまり立ち・つたい歩きの頃　*115*

7．1〜2歳児の遊び　*116*

　　（1）いろいろな遊び　*116*
　　（2）遊びについての保育者の配慮　*125*

8．健康、安全管理　*127*

　　（1）保育の上での健康観察　*127*
　　（2）安全に関する配慮　*130*

第5章
乳児を取り巻く保育の環境

1．人的環境　*134*

　　（1）保育者との信頼関係　*134*
　　（2）子ども同士の関わり　*137*
　　（3）職員間のチームワーク　*138*

2．物的環境　*139*

　　（1）生活空間　*139*
　　（2）室内環境　*141*
　　（3）戸外遊具　*143*

3．自然・社会事象
　　——四季折々の活動や年間行事 ……………… 144

4．乳児の集団保育 ……………………………………… 146

第6章
保育の計画と記録

1．計画の必要性 ……………………………………… 152

2．全体的な計画に基づく指導計画 ……………… 153

　（1）全体的な計画　　153
　（2）指導計画　　153
　（3）保育実践　　169

3．さまざまな保育記録 ……………………………… 170

　（1）個人記録　　170
　（2）連絡帳　　171
　（3）保育日誌　　172
　（4）児童票　　172

第7章

乳児保育の今後の課題

1. 家庭とは ……………………………………………………………… *176*

 （1）家庭のあるべき姿　*176*
 （2）家庭環境　*177*
 （3）家庭の役割とは　*178*
 （4）地域、社会環境の変化　*180*
 （5）少子化を食い止める保育所の支援　*180*
 （6）虐待の増加　*181*

2. 保護者とのパートナーシップ ……………………………………… *183*

 （1）保護者支援　*183*
 （2）家庭との連携の実際　*183*

3. 地域・他機関との連携・子育て支援 ……………………………… *187*

 （1）今、子育て支援は　*187*
 （2）今後の子育て支援　*188*

4. 保育士の資質の向上 ………………………………………………… *188*

 （1）保育士の仕事　*188*
 （2）保育士の専門性　*189*
 （3）乳児保育者に望まれるもの　*190*
 （4）子育て支援をこれからも　*191*

参考資料　　*193*

第1章

乳児保育の意義

　年々、少子化をたどる中で、誕生した子どもたちが心も体も健やかに育ってほしいと願ってやまない。しかし、子どもの育つ保育環境は、大きく様変わりしている。共働きをする家庭が多くなり、保育所へ入所を希望する人が増加している。全国的に待機児童が増え、国・地方自治体・保育施設ではその解決に向かって努力をはらっている実態がある。

1 乳児保育とは

(1) 乳児

　児童福祉法第4条に**乳児**とは、「満1歳に満たない者」と定義されている。保育現場では、0・1・2歳の3歳未満児に対し、よりきめ細かい保育を展開している。その理由は、人生のスタートの大切な時期にあたるためである。この時期どのような保育環境で育つかが、その子どもの一生に大きく影響をおよぼすことになると考え、きめ細かな保育が展開されてきたのである。したがって「乳児保育」の教科では、3歳未満児までを学習することになる。

乳児期は人間形成の基礎を培う最も重要な時期といわれている。その乳児一人一人は、すばらしい可能性を秘めている。励ましながら楽しく伸ばしていきたいものである。

　乳児の成長発達には、個人差・月齢差が大きいため、個人を尊重し、その子にあった援助をしていかなければならない。まわりの大人は、乳児が心身ともに健やかに育成されるよう、見守り、育てていく必要がある。

　母親は胎児を40週もの間、胎内に宿し、つわりに耐え、妊娠高血圧症候群、食事の摂取規制、栄養、胎教などに気を配りながら育み、この世へ生命を送り出したのである。そのかけがえのない子どもを、どう守り、育てるかを考えていくことが、保育者にとってとても大切なことである。

❖赤ちゃんの発達は早い

　乳児期は一生の中で、その生後１年間が最も成長発達する時期といえる。出生時体重３kgが１年で３倍の９kgとなり、身長50cmが１年で1.5倍の75cmにもなる。このような身体的な成長だけではなく、運動面、言葉、人との関わり、生活面などと大きく成長発達していくのである。

　その子どもの育つ保育環境がとても重要といえる。なかでも、人的環境が大きく影響することはいうまでもない。そのため、保育者との**愛着関係**が重要である。赤ちゃんの個性や家庭環境をふまえて、健やかに成長できるよう、くつろげる室内環境を提供していきたいものである（第３章で詳しくふれていきたい）。

（２）胎児期

　受精から分娩までは、母体の条件に影響を受ける重要な時期といえる。妊娠８週までを胎芽期といい、その後の出生までを胎児期という。在胎期間は約40週（280日）である。早産とは22週以上37週未満での生児の分娩のことをいい、母親はなるべくそうならないよう注意をはらって胎児を育むのである。

　胎児期は母体の条件に影響される重要な時期といえるだけに、産院で定期

診断を受診し、胎児への配慮をしながら、40週間守り育むのである。

出生時は正常分娩が望ましいが、出産に長い時間がかかったり、仮死状態におちいるなど、トラブルが生じることもある。この出生時の状況がどうであったのかが、その後の成長を大きく左右することにもなる。

そのため保育所に入所するときには、出生時の状況を母子健康手帳などでしっかり把握し、保育の参考にしていく必要がある。

表1　定期的な健康診査の受診目安

理想的な妊娠中の健康診査の回数
妊娠満23週目までは、4週間に1回
妊娠満24週から35週までは、2週間に1回
妊娠満36週から分娩までは、1週間に1回

はじめての妊娠

やっと親になれる！　やった！　でも……

- エー、世の中、こんなに臭いが充満しているんだ、クサーイ！
- 突然ラーメンが食べたくなった！　でも、いざラーメンが運ばれてくると「もう、いらない！」
- アッ！　スイカが食べたいな。やっと手に入れたけど、何これ、キュウリ臭くて「いらない！」
- アッ、動いた！　何とも言えない感動。
- 眠〜い……ポンとお腹を蹴られて飛び起きる。
- 重〜い、食事を一度に摂れない。
- 私、すごく不格好！　鏡が見れない……。
- 足がつる。上向きに眠れない。トドみたい。
- 腰が痛〜い、脚がむくむよ。

母親たちは、妊娠中にさまざまな体験をする。

(3) 新生児期

　生後4週間までを**新生児**という。母親の胎内で守られ、生まれ、生活環境は大きく変化するのである。自分で呼吸し、お乳を飲み、排泄し、睡眠することになる。それらの環境への適応条件は、まわりの大人が整えていかなければならない。新生児の育つ室内環境・寝具・ベッド・衣服・授乳・沐浴などは、きめ細かい多くの配慮が大切である。

　新生児は、まどろんで寝ていることが多いが、満腹時、おむつ交換後などには、起きている。

　2か月を過ぎると喃語（なんご）を発したり、まわりへ興味を示し、あやされると声をあげて笑うこともあり、日々成長発達していくのである。

　とくに運動面では、首がすわる・寝返り・お座り・ハイハイ・立っち・歩

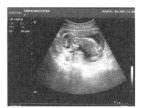
胎児

新生児

0歳

10か月

1歳

2歳

人の誕生から2歳まで——その移り変わり

第1章　乳児保育の意義

行と発達していくのである。その発達は個人差があり、早い遅いはあまり気にすることなく、一人一人をじっくり見守り、援助をしていくことが必要である。

2 保育ニーズと乳児保育の必要性

　生まれて間もない０歳児は、家庭で母親や肉親に育てられることが望ましいといわれていた。そのわけは、生まれて間もない０歳児を登降園のため、日々乗り物に乗せて移動することは、脳の発達に影響をおよぼすのではないか。また、抵抗力が弱い時期に、雑菌のある外気にふれることは、好ましくないのではないかといった考えがあった。そのため、０歳児保育の是非について議論もあったが、実施しなくてはならない実態があったのである。

九段会館の母親大会から

　筆者は第2子出産後、保母代表として全国母親大会に参加し発表をした。
　「私は、子どもに母乳をあげたいのです。毎日、園児の午睡中に、ビニール袋に母乳を搾って捨てています。育児休業制度があればいい……」と声を大にして発言した。
　大会参加者から「保母がそんなことを言っていいのか？　女性の社会参加を後押しすべきだろう」と袋叩きにあった。
　その5年後に教員・看護婦・保母の三職種に、「育休」が認められた。ムダではなかった。

（1）保護者の就労を支える乳児保育

①ポストの数ほど保育所を！

　1964年（昭和39）、東京オリンピックの開催された頃の日本は高度成長にわいていた。労働人口が都心へ集中して核家族化が進み、また女性が社会へ広く進出したのである。保育所を必要とする共働きの婦人労働者たちが、母親大会で「ポストの数ほど保育所を！」「0歳児保育を！」「特例保育を！」と要望を出し、保育行政は大きく改革されていった。

　0歳児保育は、1968年（昭和43）に保護者の就労を支えるためにおしすすめられた。零歳児保育特別対策事業が契機となり、年々増設されていった。保育現場では0歳児保育は、多くの時間をかけて討議され、実施にふみきった経緯もある。婦人労働者から「たくさんの保育所を！」の要望どおりに、1970年（昭和45）〜1985年（昭和60）頃までに13,817か所から22,899か所となった。

②乳児保育の今

　近年、3歳未満児の保育所入所希望が増加している。保育所利用児童数は、2008年（平成20）には27.6％であったのに対し、2017年（平成29）には35.1％にまで増加しており、少子化の中でも、保育所の待機児童が増え続けている実態がある。その背景には、共働きせざるを得ない日本の経済状況があり、また家庭構造の変化や近隣関係の希薄化などの保育環境の変化が、待機児童の増加につながっているのである。とくに0歳児の入所希望が多い傾向がみられ、これは育児休業制度（育休）が企業にも導入されてはいるが、育休を取得できない実態があるのであろう。

　女性の職場進出が、年々増加している中で、子育てと仕事の両立の難しさが多く指摘されている。産休や育児休業法の法的措置はとられているが、保護者の働き方が多様化しているため、長時間保育・一時保育・病後児保育・休日保育・夜間保育・子育て支援と多くの保育ニーズがある。保育はそれらに対応し、きめ細かに保育ができるよう、関係機関は展開をしていけるように努めなくてはならない。待機児童数の推移、共働き等世帯数、女性の年齢別の有業率など、乳児保育に関連する統計を次頁に示す。

表2　保育所待機児童数及び保育所利用率の推移

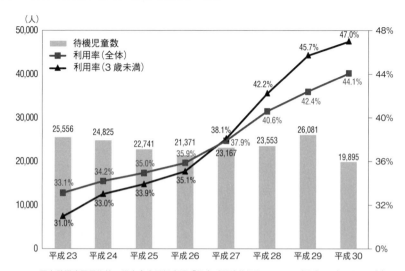

厚生労働省雇用均等・児童家庭局保育課「保育所関連状況取りまとめ（平成30年4月1日）」
厚生労働省、2018 より作成

表3　共働き等世帯数の推移

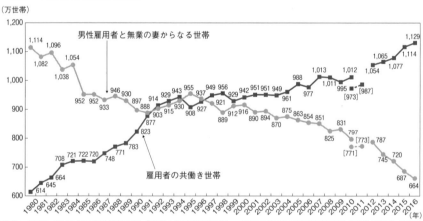

資料：1980～2001年は総務省統計局「労働力調査特別調査」、2002年以降は総務省統計局「労働力調査（詳細集計）（年平均）」

（注）1.「男性雇用者と無業の妻からなる世帯」とは、夫が非農林業雇用者で、妻が非就業者（非労働力人口及び完全失業者）の世帯。
　　2.「雇用者の共働き世帯」とは、夫婦ともに非農林業雇用者の世帯。
　　3. 2010年及び2011年の[　]内の実数は、岩手県、宮城県及び福島県を除く全国の結果。
　　4.「労働力調査特別調査」と「労働力調査（詳細集計）」とでは、調査方法、調査月などが相違することから、時系列比較には注意を要する。

厚生労働省『平成29年版　厚生労働白書』厚生労働省、2017

表4　女性の年齢階級別有業率―平成9年〜平成24年

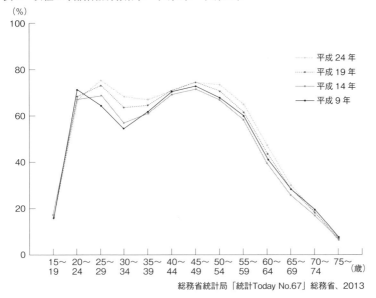

総務省統計局「統計Today No.67」総務省、2013

　国・地方自治体の保育施設は、乳児の定数見直し、小規模施設・家庭的保育事業などに取り組んで待機児童０（ゼロ）への施策を講じている。

（2）子どもの発達をより確かなものに

　児童福祉法が制定された頃（昭和20年代）は、乳児の受け持ち人数は子ども10人に保育者１人という状況であった。もちろん０歳児保育は、一部の私立保育所（園）を除いて実施されていなかった。
　中央児童福祉審議会は、1963年（昭和38）の中間報告に「２〜３歳以下の乳幼児期においては、まず家庭において保育されることが原則でなければならない……」という基本原則を示した。このように乳児にとって母親による家庭保育が望ましいとされていたが、仕事を持つ女性は、家庭保育を望めないため、社会が積極的に乳児保育に取り組まなければならなかった。
　乳児を集団で保育するにあたり、家庭で保育するようなくつろぎある保育環境を提供しなければならない。特定の大人との信頼関係を築くこと、適切

第１章　乳児保育の意義

な話しかけ、運動のできる環境、日々の生活体験など、望ましい保育内容・保育条件を満たしていくことが重要である。保育者自身が子どもの成長発達を把握し、心身ともに健やかに育つよう、質の高い保育をめざし、子どもの発達を保障していくことが大切である。

(3) 地域における子育て支援

1989年（平成元）の合計特殊出生率「1.57ショック」を受けて、国は「エンゼルプラン」「新エンゼルプラン」「健やか親子21」「子ども・子育て応援プラン」「次世代育成支援」「児童手当」「子ども・子育てビジョン」など、数多くの少子化社会対策を策定し、**子育て支援**を後押ししている。少子化の中、誕生した日本の宝である子どもたちが、健やかに育つよう、社会全体で子育てを支援していく必要がある。

生後間もない子どもは、周囲の大人に生活のすべてを守ってもらいながら生命を維持して成長している。やがて幼児期を迎えると、親元から他者・集団・地域社会へと行動を広げながら成長していくのである。

しかし、子どもの育つ保育環境は大きく様変わりし、家庭だけでは育てにくい実態もある。それらを受け、家庭の子育てを支援するため、地域の自治体では、保育所・児童館・子育て支援センター・学校の空教室などを利用し、さまざまな子育て支援が実施されている。親はそれらをうまく利用しながら、子どもの健やかな育ちの指針とすることが望まれる。

狭い住居環境の中で24時間、子育て不安を抱える親と子どもが過ごすことが、ネグレクトなどの虐待が起こる原因にもなっていると考えられる。さまざまな子育て支援の

子育て支援センターの様子

活用は、こうした虐待などを未然に防止することにもつながる。今日の保育は、地域社会全体で取り組む必要がある。

演習課題

① 乳児保育の意義について、グループで討議しよう。

② 子育て支援センター（3歳未満児）を見学してみよう。

③ 乳児保育についてテーマを決めて自分で調べてみよう。

参考文献

・厚生労働省編『保育所保育指針解説』フレーベル館、2018
・待井和江、福岡貞子編『乳児保育（第7版）』ミネルヴァ書房、2009
・松本園子編著『新・乳児の生活と保育』ななみ書房、2009
・全国保育団体連絡会／保育研究所編『保育白書 2010年版』ちいさいなかま社、ひとなる書房（発売）、2010
・吉田眞理、髙橋一弘、村田紋子『児童の福祉を支える〈演習〉養護内容』萌文書林、2009
・大豆生田啓友・三谷大紀編『最新保育資料集　2018』ミネルヴァ書房、2018
・厚生労働省編『平成29年度　厚生労働白書』厚生労働省ホームページ、2017
・厚生労働省雇用均等・児童家庭局保育課「保育所関連状況取りまとめ（平成30年4月1日）」厚生労働省、2018

第2章 乳児保育の歴史と現状

　近年、保育所における「乳児保育」への期待は大きくなっている。児童福祉法制定後、保育ニーズは多様化・複雑化し、それに対応するための保育改革が着々と進められている。これらの改革が、子どもたちの最善の利益を第一に求められるようなものであってほしいと願うところである。本章では、乳児保育の歴史を知り、どう変化したのかを探る。

1　保育所における０歳児保育

　1948年（昭和23）、**児童福祉法**が施行された。この法律の施行を受け、保育所の目的が示された。同時に保母養成校が全国４か所でスタートしている。第二次世界大戦終戦後３年という混迷した社会の中、わが国の児童福祉の理念が示されたといえる。1951年（昭和26）５月５日に**児童憲章**が制定された。その後、経済が急速な発展をする中、子どもの福祉は守られ、とくに乳児の保育については大きな変化がみられたのである。
　０歳児保育の歴史は、児童福祉法制定約20年後にスタートしている。０歳

表1　児童憲章（全文）

> われらは、日本国憲法の精神にしたがい、児童に対する正しい観念を確立し、すべての児童の幸福をはかるために、この憲章を定める。
>
> 児童は、人として尊ばれる。
> 児童は、社会の一員として重んぜられる。
> 児童は、よい環境のなかで育てられる。
>
> 1　すべての児童は、心身ともに健やかにうまれ、育てられ、その生活を保障される。
> 2　すべての児童は、家庭で、正しい愛情と知識と技術をもつて育てられ、家庭に恵まれない児童には、これにかわる環境が与えられる。
> 3　すべての児童は、適当な栄養と住居と被服が与えられ、また、疾病と災害からまもられる。
> 4　すべての児童は、個性と能力に応じて教育され、社会の一員としての責任を自主的に果たすように、みちびかれる。
> 5　すべての児童は、自然を愛し、科学と芸術を尊ぶように、みちびかれ、また、道徳的心情がつちかわれる。
> 6　すべての児童は、就学のみちを確保され、また、十分に整つた教育の施設を用意される。
> 7　すべての児童は、職業指導を受ける機会が与えられる。
> 8　すべての児童は、その労働において、心身の発育が阻害されず、教育を受ける機会が失われず、また、児童としての生活がさまたげられないように、十分に保護される。
> 9　すべての児童は、よい遊び場と文化財を用意され、わるい環境からまもられる。
> 10　すべての児童は、虐待・酷使・放任その他不当な取扱からまもられる。あやまちをおかした児童は、適切に保護指導される。
> 11　すべての児童は、身体が不自由な場合、または精神の機能が不充分な場合に、適切な治療と教育と保護が与えられる。
> 12　すべての児童は、愛とまことによつて結ばれ、よい国民として人類の平和と文化に貢献するように、みちびかれる。

児保育がはじめて予算化されたときに、保育にたずさわっていた者として、詳しくふれていきたい。保育は国の経済状況に大きく影響を受けている。どのような経済状況の中であっても、保育現場ではよりよい保育環境で乳児保育にあたっていきたい。

（1）保育所の転換期

　保育所（園）の増加は、1963年（昭和38）頃のオリンピック景気などで婦人労働者が社会に急速に進出したことが契機となった。保育所の増加にともない、日本のすみずみまで保母（現在の保育士）の募集を募った。資格を持ちながら主婦として過ごしていた人が職場へ復帰したのである。また、40歳で公立保育所に採用された時代でもあった。

　とくに昭和40年代は、保育所の大きな転換期といえる。0歳児保育、特例保育と多くの保育ニーズが現場に押し寄せてきた。予算を組むから実践してほしいという要請に保育現場は混乱した。また、保護者、労働組合などからさまざまなニーズが保育現場に押し寄せたときでもある。

　保護者の就労を支えるため保育所は、「ポストの数ほど」というスローガンのもと大幅な増加をたどった。保育現場では0歳児の集団保育が疑問視されたが、保護者のニーズに対して多勢に無勢、力関係で押し切られ、実施に踏み切った。東京都の公立保育園の5園がモデルとなり、0歳児保育に取り組んだのが1968年（昭和43）である。

（2）保育者養成機関の乳児保育のカリキュラム

　1965年（昭和40）頃から保育現場で、0歳児保育の現任者研修が始まった。その後、1968年（昭和43）に0歳児保育は東京都でスタートし、翌年厚生省（当時）が認可して、全国で本格的に開始された。

　しかし、保育者養成校では、乳児保育のカリキュラムが組み込まれていなかった。1971年（昭和46）にスタートし、1973年（昭和48）に、乳児保育の教育を受けた最初の保育者たちが保育現場に出ていったのである。0歳児保

育は、1968年（昭和43）にスタートしていたので、5年遅れてのことになる。

　保育をする以上、0歳児保育に最大の努力をはらい、心身ともに健やかに育つ保育環境を整えるよう実践した。その間、絶対に事故は起こすまいと、当時の保育者は、長時間労働はもちろん1分の休息もとらず保育に取り組んだのである。当時は第二次大戦終戦後20数年が過ぎ、一般労働者の労働基準は改善されていた。しかし、保育従事者たちのそれは、不十分なものであったが何ひとつ不平・不満も訴えず保育を進めた。また、社会的にも保育労働者への理解がされていない部分が多かった。保護者でさえ子どもの午睡中は、職員全員が寝ているかの誤解もあった。心も体もボロボロになって現場を去った同僚がいかに多かったか。現在でも保育所で受けたストレスや頸肩腕症（けいけんわん）、腰痛などの後遺症を引きずっている者もいる。

（3）乳児の受け持ち人数は

　1959年（昭和34）頃の東京の人々の生活は、まだ苦しいものであった。失業者も多く、失業対策事業（失対）の設定で毎日午前6時に職業安定所に出かけ、その日の糧（かて）を得ていたような時代であった。「２５４」といわれていた。これは労働者の1日の賃金を示すものである。また、当時の演歌に13,800円（月給）と歌われた時代でもあった。

　筆者が配属された保育園は、のどかな田園地帯にあり、畑の横に豚小屋が点在していた。園児の昼寝時は、ちょうど豚のえさの時間で、豚の鳴き声が轟（とどろ）いていた。この鳴き声を子守り歌のように園児たちは眠りについた。このときは1歳からの保育であったが、保母の受け持ち人数は10対1の保育であった。活発に動く1歳児を10名保育するのは想像を絶するものであった。

（4）保育者の労働時間は「星を見て出勤、星を見て帰宅」

　保育所における保育時間はあってないようなもの、保護者のその日の労働時間に応じて夜9時になったこともたびたびであった。「星を見て出勤、星を見て帰宅」は当たり前、保育現場の先輩たちは、この厳しい労働条件を何

第2章　乳児保育の歴史と現状

とかしようと、研究発表の場で現場の声を訴えたり、行政に働きかけていた。しかし、保育は「聖職」との考えも強かったので、なかなか改革はみられなかった。

　社会不安を緩和する１つの方策として保育所は存在していたともいえる。学齢前の乳幼児を持つ勤労家庭が主流をなしているため、実動９時間、休憩は１分もなしの労働条件であったにも関わらず、誰一人苦情は言わなかった。先駆者の凄さである。

　昭和30年代の日本は、労働運動や学生運動が盛んで、ストライキ、ロックアウト、座り込み。そんな時代にも関わらず、保育者はただ子どものためと耐えて働いてきたように思う。しかし、長い目で見ると、このとき子どもの保育にあたる保育者は、労働の過酷さを主張しておくべきであったのではないだろうか。働く保護者のことだけでなく、育児休業制度（育休）の充実など、保育労働者の福祉もその環境整備がなされるべきであったと考える。

（5）保育をとり巻く時代背景とその変遷

①1965～1974年（昭和40年代）

　この時代の日本は高度経済成長を遂げ、やがて1973年（昭和48）には石油危機が訪れた。

　保育所保育指針が1965年（昭和40）８月に完成した。これは、1963年（昭和38）に文部省・厚生省が異例の共同通達を出した、「３歳以上の保育は、幼稚園・保育所のどちらですごしても同じ保育を進めるべき」というものを受けて検討された。

　1968年（昭和43）に、東京都の公立保育所で０歳児保育がスタートした。その他、特例保育、午前７時30分～午後６時までの保育時間が定められた。当初は定員の10％、０歳児は含まないで踏み切ったが、フタを開けてみると80％、90％と希望者が多く、線を引くことができない状況であった。

　また同時期に、完全給食が実施された。1967年（昭和42）、東京都知事に美濃部亮吉氏（革新都知事）が当選し、保育内容充実のため、保母が増員されることになった。０歳施設、２階施設、定員60名のいずれかの条件を満た

す場合、各1名増員、61名以上2名、特例保育実施園1名でそれぞれ増員された。そのため筆者の園では100名定員に園長のほか、保母21名、看護婦1名、管理栄養士1名、調理師2名、用務員2名、特例保育パート（保母）に午前4名、午後4名、給食パート1名、正規職員27名、非常勤9名、計37名となった。施設長（園長）の業務は、日々手配師のようであった。

②1975〜1984年（昭和50年代）

1975年（昭和50）に義務教育諸学校等の女子教育職員及び医療施設、社会福祉施設等の看護婦、保母等の育児休業に関する法律が実施された。当初は教員・看護婦・保母の3職種が対象で、子どもが満1歳になるまで休むことができるものであった。待ちに待った画期的な制度である。筆者の園に育休第一号が出たのである。

1977年（昭和52）に男性保育者がはじめて登用された。長い間、女性の職場であったため、新聞やテレビなどのマスコミに、大々的に報じられた。保育所は1980年（昭和55）頃まで増加がみられた。

1983年（昭和58）、産休明け保育が57日目からスタートした。また男性が養成校に入学し、学校名が「○○保育学校」などに変更された。

③1985〜1999年（昭和60〜平成11）

1989年（平成元）、合計特殊出生率「1.57ショック」を受けて、少子化対策が策定され「エンゼルプラン」「新エンゼルプラン」が打ち出された。

また、上述の育児休業制度が全職種に拡大される。

1990年（平成2）、保育所保育指針が24年ぶりに改訂された（6領域から5領域に）。

児童虐待が全国的に多くみられるようになり、90年代後半頃になると地方自治体が「虐待防止マニュアル」を出すなど、虐待防止に力を入れたが、減ることはなくどんどん増加していった。

④2000年から現在（平成12〜20年代）

2001年（平成13）、小泉純一郎内閣総理大臣の所信表明演説で、保育所の

表2　保育所の歴史年表

1890年（明治23）	赤沢鍾美・ナカ夫妻　家塾新潟静修学校に日本ではじめての託児所施設を開設（1908年〔明治41〕4月守孤扶独幼稚児保護会と命名）	
1907年（明治40）	マリア・モンテッソーリ、ローマに開設の「子どもの家」の教育担当になる	
1936年（昭和11）	倉橋惣三　保育読本『育ての心』刊行	
1947年（昭和22）	「児童福祉法」公布	
1948年（昭和23）	厚生省「保姆養成規定」決める	
1949年（昭和24）	第1回　保母試験を開始	
1951年（昭和26）	「児童憲章」制定	
1963年（昭和38）	文部・厚生両局長「幼稚園と保育所の関係について」通	
1965年（昭和40）	「保育所保育指針」刊行	
1968年（昭和43）	中央児童福祉審議会「当面すべき児童福祉対策」意見具申（乳児対策について）	
1969年（昭和44）	乳児保育対策の強化通達	
1975年（昭和50）	義務教育諸学校等の女子教育職員及び医療施設、社会福祉施設等の看護婦、保母等の育児休業に関する法律を制定（女性教師、看護婦、保母に適用）	
1977年（昭和52）	男性保育者が法的に認められる	
	厚生省「乳児保育特別対策要綱」を策定	
1978年（昭和53）	厚生省「保育所における障害児の受け入れについて」通知	
1981年（昭和56）	厚生省「ベビーホテル一斉点検について」通知	
1983年（昭和58）	厚生省「ベビーホテル調査結果」を発表。産休明け保育を開始	
1989年（平成元）	合計特殊出生率「1.57ショック」	
1990年（平成2）	「保育所保育指針」改訂通知	
1991年（平成3）	上記1975年の育児休業法が全職種に適用	
1994年（平成6）	文部・厚生・労働・建設各省「今後の子育て支援施策の基本的方向について」（エンゼルプラン）策定	

1998年（平成10）	児童福祉施設において児童の保育に従事する者の名称を保育士に改める（平成11年4月1日施行）
1999年（平成11）	少子化対策推進閣僚会議「少子化対策推進基本方針」（新エンゼルプラン）策定
2000年（平成12）	児童虐待の防止等に関わる法律（児童虐待防止法）
2001年（平成13）	厚生労働省　児童福祉法の一部を改正（保育士資格の法定化、認可外保育施設に対する規制の新設など）
2002年（平成14）	厚生労働省「児童福祉施設における福祉サービスの第三者評価の指針について」通知 厚生労働省「少子化対策プラスワン」発表
2003年（平成15）	「次世代育成支援対策推進法」制定 「少子化社会対策基本法」制定 厚生労働省「次世代育成支援施策の在り方に関する研究会報告書」発表
2004年（平成16）	少子化社会対策会議「少子化社会対策大綱に基づく重点施策の具体的実施計画について」（子ども・子育て応援プラン）策定
2006年（平成18）	「就学前の子どもに関する教育、保育等の総合的な提供の推進に関する法律」制定 認定こども園の発足
2008年（平成20）	「保育所保育指針」改定告示（2009年〔平成21〕4月施行）
2009年（平成21）	厚生労働省「保育所における自己評価ガイドライン」作成
2010年（平成22）	「子ども・子育てビジョン」策定 厚生労働省「指定保育士養成施設の指定及び運営の基準について」の一部改正を通知（2011年〔平成23〕4月から適用）
2011年（平成23）	「児童福祉施設最低基準」改正（名称を「児童福祉施設の設備及び運営に関する基準」に変更）
2012年（平成24）	「子ども・子育て支援法」制定（2014年〔平成26〕4月施行）
2017年（平成29）	「保育所保育指針」改定告示（2018年〔平成30〕4月施行）

第2章　乳児保育の歴史と現状

待機児童０作戦が打ち出された。企業の児童福祉施設への参入も始まった。株式会社や有限会社なども保育事業を進められるようになったのである。また、公設民営化もスタートし、公立が民間に変わり始めた。

東京都では独自の方式で待機児童をなくすため、**認証保育**をスタートさせた。都・区市町村・設立者・利用者が運営費を負担し合う制度でA型：駅前基本型・B型：小規模、家庭的保育所がある。認証保育所事業は、2001年（平成13）から始まり、23区へ広がった。この施設は、とくに０・１・２歳児の入所希望が多く、乳児保育への期待が大きくなったため、施設改築、定数見直しなどが実施された。

1999年（平成11）には保母、保父から「保育士」に名称が変更された。長い間保母という名称が使われた後の改称である。

また、増加し続ける児童虐待に対応するため、2000年（平成12）には、「児童虐待の防止等に関する法律（児童虐待防止法）」が制定された。

2　乳児保育の実際

（1）乳児保育の実態

保育ニーズは、川の流れのように押し寄せてくる。経済が上向きの時代は、さまざまな保育ニーズが発生する。一方、不況になると、また別の複雑な問題が積み重なってくる。物言えぬ子どもの代弁者であり、その問題の渦中にいる保育者の葛藤（かっとう）・役割は、それぞれ大きいものである。

乳児保育者の役割は、実に多岐にわたっている。2008年、筆者が乳児保育者に調査を実施したところ、保育への葛藤、悩み、自身の健康（心身）、職員や保護者との人間関係、個人生活の困難さ（出会い・結婚・仕事との両立）を訴えている。しかし、一方で日々の子どもの成長や笑顔に支えられながら、保育者として努力している実態が明らかになった。

また現在、保育を学ぶ学生たちの入学時・乳児保育の授業履修修了時・実習後・卒業直前の乳児保育者への思いや心得についてアンケートを試みた。はじめは、憧れて保育の道へと選んだものが、とくに実習を経験した後は乳

児の援助が慎重になった様子がうかがえる。卒業直前には、より確かな保育観を身につけ、保育者になることに情熱を傾けている姿が明らかになり、学生の成長がうかがえる結果となった。

保育ニーズは、待機児童０作戦・産休明け保育・延長保育・夜間保育・休日保育・病後児保育・一時保育・虐待防止・子育て支援・公設民営化などの多様化の中、多くの問題が山積みにされている現状もある。それらの保育現場の実態をよく理解して、保育者になってほしいと考えている。

近年、多様化し複雑になる保育ニーズの中での乳児保育に即応できる、質の高い保育者が求められていることを心にとめておきたい。この世に誕生した国の宝である子どもの保育は、保育研究者、保育実践者、家庭、国、地方自治体、社会全体が手をたずさえて**子どもの最善の利益**を進めていくべきである。

（２）保育所（児童福祉施設・通所施設）

①認可保育所

保育所は、児童福祉法第39条に「保育所は、保育を必要とする乳・幼児を日々保護者の下から通せて保育を行うことを目的とする施設とする」と規定されている。

保育所の名称を「保育園」とする施設も多いが、法令上の正式名称は「保育所」である。戦後、子どもの園、花園のような施設であるようにとの願いを込めて「保育園」という名称が用いられた。全国８割ぐらいの施設で用いられている。

2017年（平成29）４月の時点で、認可保育所は、全国に23,475（保育所型認定こども園を合算）設置され、定員は274万人。255万人の０歳から就学前までの児童が保育所等を利用している。この数字だけを見ると保育所は足りていると思われるが、これは地方などを含めた全国の統計であり、2017年の待機児童数は26,081人存在し、都市部では入所できない児童が減らない実態がある。保育所の設備として、乳児または２歳に満たない幼児を入所させる保育所は、乳児室またはほふく室、医務室、調理室、便所を設けることが義務

づけられている。満2歳以上の幼児を入所させる保育所は、前述の設備に加えて、保育室または遊戯室、屋外遊戯場を設けることになっている。各設備の面積は、**児童福祉施設の設備及び運営に関する基準**によって規定されている。

保育所で働く職員は、次の通りである。

- 保育士
- 看護師
- 調理員
- 嘱託医
- 栄養士
- 非常勤職員

表3　子どもの人数と保育士の人数

子ども	子ども：保育士
0歳児	3：1
1・2歳児	6：1
3歳児	20：1
4歳児以上	30：1

②地域型保育事業

2016年度（平成28）に改定された「子ども・子育て支援新制度」により、新たに「家庭的保育」「小規模保育」「事業所内保育」「居住訪問型保育」が市区町村による認可対象（地域型保育事業）となった。都心部では認定こども園などを連携施設とし、**地域型保育事業**を増やすことによって、待機児童の解消を図り、人口減少地域では、近隣自治体の認定こども園などと連携しながら、小規模保育などの拠点によって、地域の子育て支援機能を維持・確保することを目指している。

○ **家庭的保育**：利用定員5人以下の家庭的な雰囲気のもとで保育を行う（p.36に詳細を記載）
○ **小規模保育**：少人数（利用定員6〜19人）を対象に、家庭的保育に近い環境で保育を行う。A型（保育園分園、ミニ保育所に近い類型）C型（家庭的保育（グループ型小規模保育））に近い類型）、B型（中間型）の3種類に分かれる。

表4　小規模保育の主な認可基準

		保育所	小規模保育事業		
			A型	B型	C型
職員	職員数	0歳児　3：1 1・2歳児　6：1	保育所の配置基準＋1名	保育所の配置基準＋1名	0～2歳児 3：1（補助者を置く場合　5：2）
	資格	保育士 保健師又は看護師等の特例有（1人まで）	保育士 ※保育所と同様、保健師又は看護師等の特例を設ける。	1／2以上保育士 ※保育所と同様、保健師又は看護師等の特例を設ける。 ※保育士以外には研修を実施。	家庭的保育者 ※市町村が行う研修を修了した保育士、保育士と同等以上の知識及び経験を有すると市町村長が認める者。
設備・面積	保育室等	0・1歳 乳児室　1人あたり1.65㎡ ほふく室　1人あたり3.3㎡ 2歳 保育室等　1人あたり1.98㎡	0・1歳　1人あたり1.65㎡ 2歳　1人あたり1.98㎡	0・1歳　1人あたり1.65㎡ 2歳　1人あたり1.98㎡	0～2歳児　いずれも1人3.3㎡
処遇等	給食	自園調理 ※公立は外部搬入可（特区） 調理室 調理員	自園調理 （連携施設等からの搬入可） 調理設備 調理員	自園調理 （連携施設等からの搬入可） 調理設備 調理員	自園調理 （連携施設等からの搬入可） 調理設備 調理員

○**事業所内保育**：企業が事業所の従業員の子どもに加えて、地域住民の保育を必要とする子どもにも施設を提供する。定員が20人以上の場合保育所型事業所内保育、19人以下は小規模型事業所内保育となる。

○**居住訪問型保育事業**：保育を必要とする乳幼児の居宅において、家庭的保育者による保育を行う（原則として3歳未満児の保育を必要とする乳幼児であって、障害、疾病又は保育所入所が困難な地域等で集団での保育を行うことが困難であると市区町村が認めた場合）。

第2章　乳児保育の歴史と現状

表5　家庭的保育・事業所内保育・居宅訪問型保育の主な認可基準

		家庭的保育事業	事業所内保育事業	居宅訪問型保育事業
職員	職員数	0～2歳児　3：1 家庭的保育補助者を置く場合　5：2	定員20名以上 保育所の基準と同様	0～2歳児　1：1
職員	資格	家庭的保育者 （＋家庭的保育補助者） ※市町村が行う研修を修了した保育士、保育士と同等以上の知識及び経験を有すると市町村長が認める者。	定員19名以下 小規模保育事業A型、B型の基準と同様	必要な研修を修了し、保育士、保育士と同等以上の知識及び経験を有すると市町村長が認める者。
設備・面積	保育室等	0～2歳児　1人あたり3.3㎡		―
処遇等	給食	自園調理 （連携施設等からの搬入可） 調理設備 調理員 （3名以下の場合、家庭的保育補助者を置き、調理を担当すること可）	園調理 （連携施設等からの搬入可） 調理設備 調理員	―

③認可外保育施設と子育て支援事業

　保育ニーズが多様化し複雑になる中で、多くの場で乳幼児の保育が進められている。児童福祉施設である保育所・乳児院・児童養護施設はいうまでもないことであるが、それ以外の施設での保育についてもふれていきたい。

○**ベビーホテル（24時間保育）**：夜間保育や宿泊保育が可能な営利目的の認可外保育施設の総称。繁華街などに点在することが多い。
○**駅型保育所**：駅に隣接、又は駅から近い場所にあるため、通勤している人にとっては子どもの送り迎えが便利である。
○**企業主導型保育所**：職場内に設置され、労働者が仕事と育児を両立しやすいよう配慮されている。
○**院 内 保 育**：病院に勤務している職員のために設置されている。

○医 療 保 育：病院に入院している子どもの保育を行う。
○認証保育所・認定保育所：認可外保育所ではあるが、自治体独自の基準を満たした保育施設。
○子育て支援事業：地方自治体や非営利団体（NPO）などが、地域の子育てサポートを目的に実施している。小・中学校の空き教室、空き部屋、保育施設に併設されている。
○ひろば事業：親子で遊べるいこいの広場。一時保育を展開している施設もあり、地域で子育てをしやすいよう支援する事業である。全国で展開されている事業であるが、とくに都市部において実施されている。
○ファミリーサポートセンター事業：乳幼児や小学生などの児童を対象にさまざまな地域で実施されている。保護者が急に残業になったり、交通事情などで帰宅が困難になった際の対応処置施策である。それぞれの地域のニーズに合わせた事業が展開されている。

④さまざまな保育サービス

保育施設では、以下のような保育が実施されている。

○０歳児保育：1969年（昭和44）に予算化され実施。これ以前は一部の私立保育所で、１歳児の予算で０歳児保育が進められていた。
○産休明け保育：労働基準法で定められている産後８週間の産休明けの57日目からの保育である。
○障害児保育：保育所における障害児保育（統合保育）は、1974年（昭和49）より予算化され実施されている。
○延 長 保 育：おおむね８時間の保育時間が、保護者の労働時間に応じて延長される保育サービスである（時間帯により保育料追加）。
○夜 間 保 育：1985年（昭和60）の男女雇用機会均等法の成立によって女性の労働時間も長くなり、夜間の保育ニーズが生まれた。それに対応するため、おおむね午後10時までの夜間保育が実施されている。

〇**一時預かり事業**：核家族化が進み、保護者の急な発病やその他の事由で、日中保育が必要となった子どもへの対応処置として認可保育所などで行われる。

〇**病（後）児保育**：伝染性疾患などの治療には、長期間かかることもある。病気回復期の子どもに対して行う保育である。専門職である看護師などの配置が必要であり、多くの問題があるため、実施している施設はまだ少ない。一部の小児科でも実施されている。

〇**休日保育**：サービス業や製造業に従事している保護者の中には、土日祝日の保育を必要とする人もいるため、それに対応するための保育サービスである。今後増加する傾向にある。

（3）乳児院

乳児院は、家庭で生活できない乳幼児を預かり養育する居住型福祉施設である。児童福祉法第37条には「乳児（保健上、安定した生活環境の確保その他の理由により特に必要のある場合には、幼児を含む）を入院させて、これを養育し、あわせて退院した者について相談その他の援助を行うことを目的とする施設とする」と規定されている。

児童福祉法では乳児を「満1歳に満たない者」としているが、乳児院には0・1・2歳の乳幼児が生活している（2004年の児童福祉法の改正により、乳児院の年齢要件は見直されている。必要に応じて2歳以上の幼児の利用が可能になった）。産院から直接乳児院に入所する場合もあり、在籍児の年齢は0歳児が最も多く、続いて1歳、2歳となっている。

2011年（平成23）3月末の時点で、乳児院は全国129か所に設置され、定員は3,778人。乳児院には2,963人の乳幼児が家族と離れて生活している。

乳児院の設備として、寝室、観察室、診察室、病室、ほふく室、相談室、調理室、浴室、便所を設けることが義務づけられている。それぞれの設備の

＊乳児院では、乳幼児10人以上の場合、おおむね10人増すごとに1人以上の看護師をおかなければならない。看護師は、保育士又は児童指導員に変えても構わない。

表6　乳児院の入所児童数

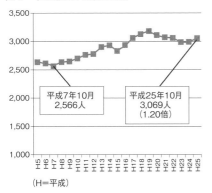

表7　乳児院の設置数

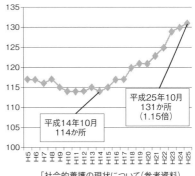

「社会的養護の現状について(参考資料)
平成26年3月」厚生労働省、2014より作成

面積は、保育所と同様に児童福祉施設の設備及び運営に関する基準によって規定されている。

乳児院で働く職員は、次の通りである。

・医師（または嘱託医）
・看護師（保育士または児童指導員）
・栄養士
・調理員
・個別対応職員
・家庭支援専門相談員
・心理療法担当職員

表8　子どもの数と看護師の数

子ども	子ども：看護師
0・1歳児	1.7：1
1・2歳児	2：1
3歳児	14：1

表9　乳児院1日のデイリープログラム(例)

時刻	内容
6：00	起床・視診・検温
7：30	授乳・朝食
9：00	おやつ
9：30	遊び・散歩
10：00	離乳食・沐浴
11：00	授乳・昼食
12：00	午睡
14：00	目覚め・検温・おやつ
15：00	遊び
16：00	入浴
17：00	授乳・夕食
18：00	遊び
19：00	就寝
	（適宜授乳）

乳児院の入所理由は保護者の虐待、母親の疾病、養育拒否、生活の困窮、父・母・両親の死亡、受刑など、さまざまであるが、近年は保護者の虐待、母親の精神疾患が入所の理由であるケースが増えている。その為、心理担当職員の役割が必要視されている。

第2章　乳児保育の歴史と現状

（4）家庭的保育事業（保育ママ）

　家庭的な雰囲気の中で乳幼児（主に3歳未満児）を預かり保育を行うのが**家庭的保育制度**である。半世紀近く、大都市およびその周辺の自治体独自の事業に過ぎなかったが、待機児童対策の一環として、2000年（平成12）に、はじめて国の補助事業となった。2008年（平成20）の児童福祉法改正で法定化され、保育所保育の補完的役割りを担うこととなり、2010年（平成22）4月には、その関連条項が施行された（地方自治体により、条件を独自なもので実施されていることがある）。

○**家庭的保育者**：保育士または看護師。保育士と同等の知識及び経験を有するものとして市町村長が認める者であって、市町村長が行う研修（88時間の研修と20日間の実習）を修了した者。
○**配 置 基 準**：家庭的保育者1人に対し子ども3人まで。補助者とともに2人以上で保育する場合は5人まで。
○**保 育 内 容**：保育所保育指針に準拠し、家庭的保育の特性に留意。

　従来は、保育者の自宅でないと開設できなかったのだが、今回の改正では大都市では国の「安心子ども基金」を活用して、自宅以外で保育をする場合の賃料や自宅の改修費、保育ママの研修費を補充している。現在の家庭的保育事業は保育者1人で3人の子どもを保育する単独型と、保育者3人で9人の子どもを保育するグループ型に分かれている。近年は保育園の分園という形でマンションなどの一室に保育者が家庭的保育者として勤務するケースも増えている。
　現在は、「子ども・子育て支援新制度」により、地域型保育事業に位置づけられている。

　❖**東京都江戸川区保育ママ**

　全国の登録者のうち、東京都江戸川区には200人を超える保育ママがいる。江戸川区では公立保育所で0歳児保育は行っていないため、現在0歳児は保

育ママが家庭で受託している。2008年筆者が保育ママへのアンケートを実施したところ、「保育ママになってよかったと思いますか」という質問に対し、約80％が「とてもよかった」と答えている。その理由としては「少人数なので、目も行き届き愛情を十分に注ぐことができる」「小学校などに入学しても、ずっと家族ぐるみの付き合いができる」「区のサポートがしっかりしている」などがあげられた。江戸川区は地域として子どもを見守る姿勢が根づいており、現在も保育ママの数は増えているのである。

（5）認定こども園

　認定こども園は、日本における少子化や、保育所における待機児童の増加、子どもを育てる保護者の育児不安の増加など、子どもを取り巻く環境の変化に伴い、「就学前の教育・保育を一体として捉えた一環とした総合施設」の設置を目指すという形で、2006年（平成18）10月にスタートした。2017年（平成29）4月現在で5,081個所の施設が認定を受けている。

　❖認定こども園の概要

　幼稚園、保育所等のうち、以下の機能を備え、認定基準を満たす施設は、都道府県から「認定こども園」の認定を受けることができる。

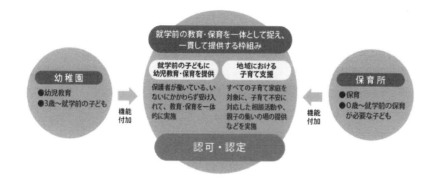

①**就学前の子どもに幼児教育・保育を提供する機能**：保護者が働いている、

第2章　乳児保育の歴史と現状

いないにかかわらず受け入れて、教育・保育を一体的に行う機能。

②**地域における子育て支援を行う機能**：すべての子育て家庭を対象に、子育て不安に対応した相談活動や、親子の集いの場の提供などを行う機能。

　認定こども園で働く職員については、幼保連携型のこども園では幼稚園教諭の免許状と保育士資格を併有している保育教諭を配置する必要がある。その他の認定こども園では満３歳以上を保育する場合は幼稚園教諭と保育士資格を併有していることが望ましい。満３歳未満の子どもを保育する場合は、保育士資格が必要となる。その他に栄養教諭、養護教諭といった職員などが勤務している。

表10　認定こども園の認定件数　　　　　　　　　　　　　　　　（園）

公私の別	幼保連携型	幼稚園型	保育所型	地方裁量型	合　計
公　立	647 (551)	69 (48)	288 (251)	2 (2)	1,006 (852)
私　立	3,762 (3,067)	897 (759)	432 (341)	63 (62)	5,154 (4,229)
合　計	4,409 (3,618)	966 (807)	720 (592)	65 (64)	6,160 (5,081)

※（　）内は、平成29年４月１日現在
※認定こども園へ移行した施設の内訳は、幼稚園423か所、認可保育所694か所、その他の保育施設16か所、認定こども園として新規開園したものが69か所となっている。複数の施設が合併して１つの認定こども園になった場合等があるため、移行数と増加数は一致しない。
※また、認定こども園から認定こども園以外の施設へ移行したものが１か所ある。
　内閣府子ども・子育て本部「認定こども園に関する状況について（平成30年４月１日現在）」内閣府、2018

❖**認定こども園の類形**

○**幼保連携型**：認可幼稚園と認可保育所が連携して一体的な機能を備える。
○**幼 稚 園 型**：認可幼稚園が保育時間をより多く確保することで保育所的な機能を備える。
○**保 育 所 型**：認可保育所が保育を必要とする子ども以外の子どもを受け入

れるなど幼稚園の機能を備える。
○**地方裁量型**：幼稚園・保育所のいずれの認可もない地域の教育・保育施設が、認定こども園として必要な機能を備える。

 演習課題

1　0歳児保育がスタートした頃の文献を読んでみよう。

2　乳児保育（3歳未満児）を行っている保育所を見学してみよう。

3　乳児保育の歴史年表を作成してみよう。

 参考文献

・厚生労働省編『保育所保育指針解説』フレーベル館、2018
・待井和江、福岡貞子編『乳児保育（第7版）』ミネルヴァ書房、2009
・吉田眞理、髙橋一弘、村田紋子『児童の福祉を支える〈演習〉養護内容』萌文書林、2009
・全国保育団体連絡会／保育研究所編『保育白書2010年版』ちいさななかま社、ひとなる書房（発売）、2010
・厚生労働省「家庭的保育の在り方に関する検討会」2009年1月
・文部科学省・厚生労働省「今後の認定こども園制度の在り方について」2009年3月
・子どもと保育総合研究所代表／森上史朗監修『最新保育資料集　2018』ミネルヴァ書房、2018
・「社会的養護の現状について（参考資料）平成26年3月」厚生労働省、2014
　・厚生労働省雇用均等・児童家庭局保育課「保育所関連状況取りまとめ（平成29年4月1日）」厚生労働省、2017
・加藤敏子「保育改革における乳児保育者の役割に関する研究〜新潟県と東京都の事例を中心として〜」聖徳大学大学院修士論文、2003年1月

第3章

3歳未満児の発達と保育

　　　　　人間の赤ちゃんは、一人では生きていくことのできない無力な存在である。そばにいる大人が手をかけて世話をし、守り、ときには見守りながら、さまざまなことを伝えていく。しかしながら、人間は無限の可能性をもって生まれてくる。自ら人と関わろうとする社会的な存在であり、ほかの動物とは異なる学習能力に優れている。運動機能が高まるにつれ、行動範囲を広げていき、さまざまな探索活動を繰り広げていく。その中で、自らも育つ力を兼ね備えていくのである。

1　発達の特性

　『大辞泉』によると、**発達**とは「身体・精神などが成長して、より完全な形態や機能をもつようになること」とある。人間は、胎児期→新生児期→乳幼児期→学童期→青年期→成人期という道筋をたどっていく。その中で、身体の発育などの形態的側面や精神・言葉・運動面などの質的変化がみられる。
　月齢が低いほど発達の速度は速く、順序性も保たれている。それぞれの個性をもち、発達の速度も個々によって違う。保育者は、発達により添い、個々に合った保育を心がけなければならない。

(1) 身体的発育

①胎児期

　人間は、受精から10か月あまりで誕生する。受精から8週までを胎芽期、その後出生までを胎児期という。妊娠7週頃は、身長約2.5cm、体重約4g。わずかさくらんぼくらいの大きさである。

　しかし、その小さな胎児期でもさまざまな機能が発達している。妊娠12週頃には触覚の機能が発達し、胎内で手をなめる、指しゃぶり、しゃっくりをするなどの姿が確認できる。20週頃、聴覚のもととなる部分ができ始め、24週頃より母体を通して外界の音が胎児に伝わっていく。同じ頃、視覚は24週頃から、まぶたは閉じているが、眼球を上下に動かす眼球運動などもみられるようになり、明暗も感じ取れるようになる。またこの頃、大脳も前頭葉、頭頂葉などに分かれて、大人の脳の構造に近づいていく。28週頃になると、胎児の身体は一人の人間として生育可能な状態にまで成長する。37週から41週までのお産を「正期産」といい、この時期は胎児も出生後、外界に適応できる準備ができてくる。

　胎児にさまざまな能力があることは、これまでの研究で明らかにされているが、母親が妊娠中、肉体的・精神的に強いストレスを感じると、まれに胎児の成長を妨げ、異常な分娩に至ることがある。また、胎児期の栄養障害により、子どもの知的・社会的発達の遅れが生じる場合もある。

　このことからも、誕生前から母と子の密接な関係が始まっていることがわかる。

②身体の発育

　身長・体重などは、生後1年間が最も著しい発育をする。一般的には個人差はあるものの平均で、出生時は身長約50cm、体重約3kg（男子平均：身長48.8cm、体重3.01kg、女子平均：身長48.3cm、体重2.93kg　平成22年厚生労働省乳幼児身体発育調査報告書*）であり、1年で身長が1.5倍の約75cm、体重は3倍の約9kgにまで成長する。

＊病院調査による出生時体位の平均値・標準偏差、性別、胎児数別の「単胎」。

また、出生時は胸囲より頭囲のほうがやや大きいが、生後1か月を過ぎると、胸囲のほうが大きくなる。

表1　出生〜6歳まで（平成22年　厚生労働省調査）

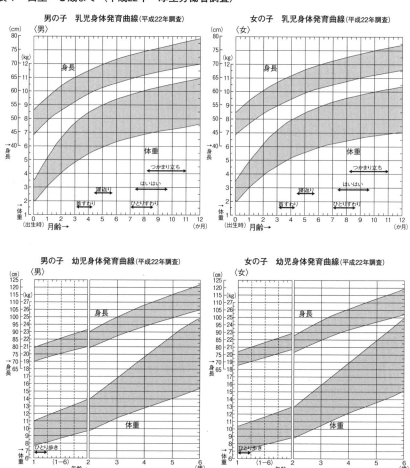

平成22年 厚生労働省乳幼児身体発育調査報告書より作成

図1　新生児期から～成人の図

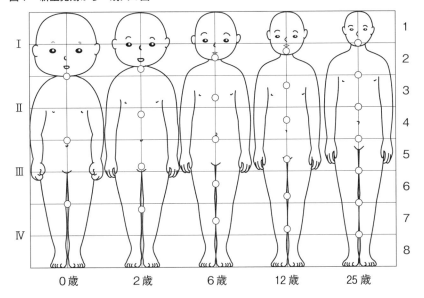

（Corliss, 1976より作画）

（2）身体諸機能の発達

　発達には質的・量的ともに個人差が大きい。体の大きい、小さいなど、子どもがもって生まれた遺伝的要素もあるが、どのような環境で育ってきたかによっても違いが生じる。運動発達は、頭部から下部に向かって発達していき、胸や心臓などの中心部から肩→腕→手→指などの抹消部へと徐々に発達していく。
　乳幼児期の発達を理解する上では、新生児からの全体的な過程を把握するようにしなければならない。

表2　運動機能通過率

(%)

年・月齢	首のすわり 総数	ねがえり 総数	ひとりすわり 総数	はいはい 総数	つかまり立ち 総数	ひとり歩き 総数
2〜3月未満	11.7	1.1				
3〜4	63.0	14.4				
4〜5	93.8	52.7	0.5	0.9		
5〜6	98.7	86.6	7.7	5.5	0.5	
6〜7	99.5	95.8	33.6	22.6	9.0	
7〜8		99.2	68.1	51.1	33.6	
8〜9		98.0	86.3	75.4	57.4	1.0
9〜10			96.1	90.3	80.5	4.9
10〜11			97.5	93.5	89.6	11.2
11〜12			98.1	95.8	91.6	35.8
1年0〜1月未満			99.6	96.9	97.3	49.3
1〜2				97.2	96.7	71.4
2〜3				98.9	99.5	81.1
3〜4				99.4		92.6
4〜5				99.5		100.0

平成22年乳幼児身体発育調査報告書（平成23年10月厚生労働省雇用均等・児童家庭局）

①視覚

　視覚は生後間もなくでも、多少の色の識別や光に反応する。目の前のものをじっと見つめ（凝視）、とくに人の顔、目と口に注目することが、多くの実験でわかっている。

　生後4か月には、見えたものをはっきりとした像にとらえて脳に送り、6か月頃には大人と同じくらいの精度でとらえることができる。

②聴覚

　聴覚は胎児期から存在している。胎内では女性や子どもの声などの高音は聞き取りやすく、男性の低音は比較的聞き取りにくいといわれており、大きな音に対して驚いたり、母親の声に敏感に反応することもわかっている。

　また、母親の心臓の鼓動音を聞くと、新生児が泣き止むという実験結果も出ている。

③言葉

　子どもが言葉を獲得するためには、聴覚・構音機能(こうおんきのう)・随意運動(ずいいうんどう)の発達などが正常であり、さらに言葉を認知する能力があること、言葉を獲得する環境が整っていることが条件としてあげられる。

　言葉を獲得するための環境としては、親子関係を中心とした人間関係が適切であり、言語習得のための刺激が必要である。

　日常生活の中で、「マンマ、食べようね」「お外、行こうね」など、大人の言葉かけを視覚・聴覚の働きで認識し、相手の言葉を聞き分けていく。そして、大人の口の動きや声を聞き、似た音を構成して、やがて「マンマ」「おんも」などの言葉を発声するのである。

　このことからも、大人とのコミュニケーションが言葉の発生を促すことがわかる。また、子どもが言葉を発しようとしているときは、大人が先を読んで「お外、行きたいのね」「マンマ、食べたいのね」と言うのではなく、子どもからの発声を待ち、一緒に会話をするように語りかけることが、発語を促していくことにつながる。

④泣き

　赤ちゃんの泣き声は、まわりにいる大人を「どうしたんだろう」という気持ちにさせる力がある。

　そもそも乳児はどうして泣くのだろうか。それは言葉が話せないため、自分の不快な状態を泣いて大人に訴えているのである。

　泣き方も、生後まもなくは生理的欲求を訴えるものが中心であるが、4～5か月頃より、甘えや思い通りにならないときなど、感情を表す泣きも増えてくる。

　この泣きにまわりにいる大人がすばやく気づいて対応することが重要である。泣いている乳児を放置しておくと、絶望感やあきらめの感情、人への不信感が生まれ、自分に自信がもてなくなってしまう。

⑤原始反射

生後まもなくは、さまざまな原始反射（未熟な反射機能）がみられる。これは、大脳の運動中枢や感覚中枢が未成熟であるため、随意運動（自分の意思で体を動かすこと）は見られず、自分の意思とは関係なく神経回路を通じて行う反射的な動きのことである。原始反射には、以下のようなものがある。

・**握り反射（把握反射）**：把握反射には、手掌把握反射と足底把握反射があり、指で手掌を圧迫すると全指が屈曲し、かなり強い力でしっかりと握る。生後2日間ぐらいではやや弱いがその後強くなる。

・**バビンスキー反射**：フランスの医師ジョゼフ・ババンスキー（Babinski, J., 1857 - 1932）によって報告された現象。足の裏を、指などでゆっくりとかかとからつま先にかけてこすると、親指がそりかえって、ほかの4本の指が扇のように開く。成人には普通みられない（生後8週までの乳児では90％にみられ、9〜10か月で40％、2〜3年で5％）反射である。新生児の神経系異常を検査するため、この反射の確認が広く行われている。

- **吸てつ反射**：口に触れたものを強く吸う反射。赤ちゃんがおっぱいや哺乳瓶を吸うことができるのは、この吸てつ反射によるものである。

- **モロー反射**：オーストリアの医師エルンスト・モロー（Moro, E., 1874 - 1951）によって報告された現象。大きな物音や、おふろに入れたときに驚いたように手を開き、その後抱き込むような動作がみられる。誕生後３か月くらいで消失し始める。この反射が現れない場合や、現れても弱い場合は脳の異常が疑われる。

- **自動歩行**：乳児の両脇を支えて足を床に触れさせると、歩くように足を交互に上げるしぐさをする。誕生後２か月くらいで成長とともに消失する。

原始反射は、生後２か月頃から減少し、６か月頃にはほとんど見られなくなり、自発運動へと変わっていく。しかし、原始反射は、その後のさまざまな運動や知的発達と重要な関連性をもっているとも考えられている。

（3）愛着関係

　乳幼児期に特定の人との愛着関係を結ぶことは、のちのち子どもの人格形成に大きく影響するといわれている。では、愛着関係とはどのようなものであろうか。

　やさしい語りかけ、抱っこなどのスキンシップを通して、子どもは特定の大人に対して信頼関係を形成する。一貫して温かく、親密で裏切られることのない触れ合いの関係の中から育つものを、イギリスの精神科医ボウルビィ（John Bowlby 1907-1990）は、愛着関係（アタッチメント）と呼んでいる。

愛着関係が築けないサルの例

　1960年代、アメリカの心理学者のハーロー（Harry Frederick Harlow 1905-1981）は、生まれたばかりのアカゲザルの子を母親から離し、木材と針金で作られた「母親」の置き物２つと一緒に檻にいれた。一方にはミルクの出る乳首をつけ、もう１つは布で体をくるみ、ミルクは出ないものであった。

　実験の結果、サルはお腹が空くとミルクの出る母親の置き物からミルクを飲んだが、それ以外はほとんど布でできた母親の置き物にしがみついていた。この実験で霊長類の赤ん坊には、安心感が何より必要であることが証明された。しかし、こうした母のいないサルは、成長したあとでも群れに溶け込めず、自分が母親になっても未熟であった。

　このことからも母子のきずなは、霊長類の心と体の健全な成長に欠かせないものであり、仲間との交流もすべて母子関係を基盤にして形成されるという結果にいたった。

子どもは、普段から自分の体や心のケアを継続的に世話をしてくれる養育者を特別な存在として認識し、乳幼児期に無条件に愛される経験を通して、自分のことを「大切な存在、価値のある存在」であると信じることができる。そして、その存在は、自分に何かあったときに安心できる場所「安全基地」となる。安全基地が確立されることによって、成長過程において、未知の存在へと自分から関わろうとできるのである。

　この愛着関係は、大人と子どもとの相互の関係から生まれるものであり、大人も日常的に赤ちゃんと触れ合うことにより「愛しい、守ってあげたい」という気持ちが生じる。

　最初に愛着関係を築く相手は、主に母親がその対象となっている。妊娠中から、子どもの胎動を感じるうちに、自然とお腹をかばうようになり愛しいという感情が芽生えてくる。母親に愛され、守られ、子どもの心は育っていく。しかし、日中のほとんどを保育所で過ごしている子どもにとっては、保育者は、愛着のパートナーであるともいえる。

　愛着関係を築けない子どもは、成長していく過程で、人間関係がうまく築けないこともある。子どもにとって特定の人との愛着関係はとても重要なことなのである。

親子の愛着関係

父と子のアイコンタクト

2 年月齢別発達と保育

（1）誕生〜6か月未満

人間の赤ちゃんは、この世に誕生してから1年間の間に著(いちじる)しい成長発達をとげる。月齢が早いほど発達の速度は速い。

また、人間は自ら伸びていこうとする力をもって生まれてくる。感覚器官を通して積極的、選択的に身のまわりの外界に働きかけ、自分の中に取り込んでいく。赤ちゃんの表情や様子を的確に読み取り、保育者はこれらに敏感にかつタイミングをとらえて応答していくことが関わりの基本となる。その時期の発達に応じた保育が必要だといえよう。

①新生児期

❖ **発達の特徴と子どもの姿**

WHO（世界保健機関）の定義によると、誕生してから28日を新生児期とよんでいる。

誕生後、安全に保たれていた母親の胎内から生まれた瞬間に、肺呼吸、体外排泄など大きな生理的機能の変化に直面し、急激な環境の変化に適応するため、著しい発達がみられる時期である。母体を離れての生活に無理なく慣れ、人生の一歩を踏みだせるような注意が必要である。

生まれたときの身体の大きさは、**身長約50cm**、**体重約3kg**である。生後3〜5日頃は母乳の摂取量が少なく、胎便＊がでるため、体重が一時的に減少（**生理的体重減少**）する。その後、授乳量は増えるため、出生時の体重にもどる。

胎児と母親の胎盤とをつないでいた臍(へそ)の緒は、生後7〜10日で自然と取れていく。

生まれたばかりの乳児は昼夜の区別もなく、1日のほとんど（19〜20時間）を眠って過ごす。3時間ごとに睡眠と目覚め、授乳を繰り返している。視覚は出生直後、両目で0.03くらいといわれており、約20センチ以上離れた物は

＊出生後2〜3日以内に排出される黒褐色の便（胎内や、出生時に飲み込んだ腸の粘膜や羊水など）。

ぼんやりと見えている。この距離は、授乳のときに母親の顔が見える距離といわれている。

身体は仰向けの姿勢で、顔をどちらか一方に向け、手は半ば開いてひじを曲げている。足もひざを曲げ、股を開いている。腹ばいにすると、ひじもひざも曲げ、おしりのほうが頭より高くなる姿勢を

新生児（生後1週間）

とる。大きな音にビクッと手をのばしたり、泣きだすことがある。

授乳は機嫌よく目覚めているときに、母親が抱っこをして優しい声かけをすると、手足を動かして反応をしめす。それは、体内にいるときから聞き覚えのある声であることの証明でもある。

❖ 保育者の関わり

新生児期は、急激な環境の変化に対応できるよう、保健的・衛生的な環境で保育することが必要である。この時期のケアがその後の成長に大きく影響をおよぼすため、きめ細かい配慮をしたいものである。

生まれたばかりの赤ちゃんは、授乳のとき以外は眠って過ごすことが多いため、清潔で静かな場所でゆっくりと寝かせるよう心がける。

○室 内 環 境：体内の体温調節が未発達であるため、室温が20℃以下にならないようにする。湿度は60％前後に保ち、日当たり、風通しのよい部屋で、直接日光や冷暖房機には当てないなどの配慮が必要である。
○ベビーベッド：角の丸い木製のものが好ましい。敷布団は、骨の柔らかさをカバーするため、硬いものを使用する。シーツはファスナー付きのものを用意する（布団にかけるタイプのものであると、窒息の可能性がある）。
○衣　　　服：衣服など肌に触れるものは通気性、肌触りのよい綿素材が

　　　　　　　　　好ましい。
○沐浴：1か月健診が終わるまでは大人と一緒の入浴はせず、たらいなどで沐浴を行う（沐浴方法は、第4章参照）。

　また、新生児期に、顔から20cmくらいの距離で顔を合わせて、舌を出したり、大きく口をあけたり、とがらせたりを何度も繰り返していると、赤ちゃんがまねをすることがある。これを「新生児模倣」（共鳴動作）といい、子どもが本来もっている人と関わろうとする能力と考えられている。

point!　　　　　　　　　　　　　　　　　　　　　　　　　　保育のポイント

　首がすわるまでの抱っこは、横抱きで後頭部と首にしっかりと手を当て支えるようにする。また、この時期あまり強く揺さぶると、頭頸部が強く動揺し、頭蓋内出血や眼底出血などを起こしてしまう危険があるため、あやすために強く揺らすことは行ってはならない。

②生後1～2か月

❖発達の特徴と子どもの姿

　体重は、1日に30g前後増え、身体が少しずつ丸みをおびてくる。授乳は3時間おきで、満腹になると、30分くらいは機嫌よく起きている。また、空腹のときに抱くと、顔を乳房のほうに近づけて母乳をほしがる。1か月健診が終わり、順調な発達が見られると、大人との入浴が可能になる。昼夜の区別がつくようになり、夜にまとめて5～6時間続けて眠るようになる。
　2か月頃まで、頭、顔、脇の下などに湿疹が出ることがあるが、これは、胎内で母親から受け継いだホルモンの影響で皮脂分泌が盛んなためであり、3か月頃には次第に収まってくる。
　腹ばいにすると、2～3秒頭や顎を持ち上げ、機嫌がよいと活発に手足を動かし、自分の手を口に入れてなめたりする。
　生後1～2か月は心身の満足感から現れる微笑みである**生理的微笑**が

みられる。徐々にまわりの人の笑顔などをみて笑うようになる。この現象をエリクソン（E,H,Erikson 1902-1994）は**社会的微笑**と呼んだ。

視覚も発達してきて、とくに明るい色やはっきりとした色に注目する。また、ガラガラなど音の

生後1か月

する玩具を動かすと目で追い（**追視**）人の顔や物をじっと見つめ、母親などいつも聞きなれた人の声がわかるようになってくる。

生後1か月頃から喉の奥を鳴らすような「クー」という音を出す**クーイング**（呼吸に伴い偶発的に発生される摩擦音）が見られるようになる。

2か月頃から機嫌のよいときは「あーあー」「ぶっぶー」といった**喃語**を発するようになる。かわいらしい声で、何かを話しているようにも聞こえるが、言葉ではなく、赤ちゃんが自分で音を調節して発するものである。

これは、乳児の呼吸が正常で、発声器官、構音器官とその神経機能が成熟してきたあらわれであり、将来の言葉につながる発声である。この喃語にまわりの大人が「ご機嫌ですね」「お腹、いっぱいになったね」などと会話をするように積極的に関わることが、人とのコミュニケーションにつながるのである。

生後2週間頃から、夕方から夜半にかけて発作的、衝動的に突然火がついたように泣き出すことがある。生後3～4か月には落ち着くといわれているが、1日3時間以上の泣きが、3週間以上続く状態を「コリック（**仙痛**）」という。別名「たそがれ泣き」「夕暮れ泣き」ともいわれている。

はっきりとした原因は明らかになっていないのだが、ジャクソン（C,M,Jackson 1882-1963）とスキャモン（R,E,Scammon 1883-1952）の研究では、赤ちゃんの脳は、3か月まですさまじい勢いで成長しており、小さな脳に大人と同じくらいの神経細胞を持って生まれてくるからではないかとも考えられてい

る。

　暑い、寒い、喉の渇き、空腹、オムツがきつい、眠いのに眠れない、刺激が強すぎたなど、さまざまな感覚は大人が考えるより、ずっと赤ちゃんは敏感に感じている。原因がわからないときは、裸にして肌の異常などを調べてみるとよいだろう。

❖ 保育者の関わり

　産休明け（生後57日目）から受け入れている園では、家庭環境、生育歴、家庭での抱き方、授乳の量、飲み方、入眠の方法など詳細に把握し、なるべく家庭での生活に近づけるなどの配慮が必要である。

　この時期は、なるべく静かで、穏やかな環境で、特定の大人の優しい声かけ、眼差しなど毎日繰り返し関わることが、人との信頼関係や言葉の発達につながる。

　泣き声に敏感に反応し、一人一人の子どもの生理的欲求「オムツが濡れている」「お腹が空いた」「眠い」などの不快な状態を取り除き、快の状態にすることで、安心して次の要求が出せるようになるのである。子どもは快の状態でいるときに、自分から積極的に人や物に関わろうとする。

天使の笑顔

　T君には年の離れた中学生の姉がいる。T君が3か月になる頃、姉があやすと笑うようになった。
　その姿をみて「ママ、T君の笑顔って神様みたい。この笑顔を見ていると、すごく幸せな気持ちになる」と話していた。赤ちゃんの笑顔は、まわりにいる人を幸せな気持ちにさせる、そんな力がある。まさに天使の笑顔なのである。

また、なるべく特定の大人が継続的に関わることが大切である。同じ抱き方、声、雰囲気、肌の触れ合う感じなど、いつも自分に関わってくれる大人を安心して受け入れ、それが愛着関係、信頼関係につながっていく。これが大人を信頼し、ほかの人（物）に自分から関わることのできる第一歩である。
　眠い、お腹が空いた、泣くなどの要求のあらわし方は、一人一人異なっている。個人差を忘れず、子どもが機嫌よく過ごし、授乳、睡眠、排泄のリズムを整えることが、この時期には重要であるといえよう。
　保護者に対しても、産休明けで職場に復帰する母親の複雑で不安な気持ちをくみ取らなければならない。子育ての方法に戸惑いながらも、生まれて間もない子どもを預けなくてはならない状況や、長く仕事を休んで職場に戻ることに対してなど、さまざまな不安を抱えている。そんな保護者に対して保育者は「私たちはお母さんの味方、一緒にお子さんを育てて行きましょう」という応援の気持ちをあらわし、安心して子どもを預けることができるよう、信頼関係を築いていきたい。

③3〜5か月

❖発達の特徴と子どもの姿

　3か月頃には、体重が生まれたときの2倍近くなり、動くようになるまでのこの時期が、体つきは一番丸みをおびている。
　表情も豊かになり、大きな口をあけて笑うようになる。これは自分のほうから働きかけを示すコミュニケーションの始まりだといえよう。自分の要求や感情を泣き声や表情であらわすようになってくるのである。
　徐々に生活のリズムが安定し、目を覚ましている時間が長くなり、夜続けて眠るようになる。授乳量、授乳間隔もまた、徐々に定まってくる。
　3〜4か月で**首がすわり**はじめる。仰向けに寝かせて、手を持ってゆっくりと身体を引き上げ、45度で首がついてくれば、首がすわったということになる。首がすわると、おんぶができるようになり、縦抱きにしたときに首を支えなくても安定してくる。しかし、最初のうちは急にガクンと首がうなだれてしまうこともあるので、気をつけなくてはならない。

首がすわると、周囲の動くもの、カーテンやつり遊具、近くにいる人など、盛んに首を動かして見ようとする。また、見えない方向から声をかけてみると、そちらの方向へ顔を向けるようになる。

　自分の手をじっと見つめ、口に入れて遊ぶようになり、ガラガラなどの玩具を握り、音をだしたり口に入れたりして楽しむようになる。機嫌がよいときは30分近く、一人で遊んでいる。

　5か月頃から**寝返り**を始める。お尻を上げ、片足を交差する姿が見られたら、もうすぐ寝返りをする合図である。寝返りができるようになると視界が広がり、腹ばいの姿勢で胸をそらし、顔や肩を上げて上半身を使って遊ぶようになる。また、徐々に自分から玩具などに手を伸ばすようになってくる。

自分の手を見つめる男児

しかし、寝返りができるようになり始めた頃は、自分で仰向けの姿勢に戻ることができず、しばらくすると苦しそうに泣き出すこともある。また、ベッドに寝かせていると、寝返りをした際に柵に頭をぶつけてしまったり、柵を開けたままにしていると転落などの危険もあるため、寝返りをしたら目を離さないようにしなければならない。

生後3か月　首がすわった頃の子どもたち

喃語も盛んになり月齢が進むにつれ、多種類の声が出せるようになる。声をかけられたり、あやされたりすると、うれしそうに声をあげて笑い、いつもそばにいる大人を目で追いかけ、近くに誰もいなくなるとさびしそうに「あーあー」と大人を呼んだり、ときには泣いたりする。

　生後5か月、体重7kgを目安に**離乳食**をスタートする。

　離乳食は、個々の発育状況をみながら（アレルギーのある子どもには特に慎重に）、家庭と一緒にスタートする。

❖ 保育者の関わり

　特定の大人との間に信頼関係、愛着関係が形成される大切な時期である。子どもの要求に適切に応えることが重要である。

　目覚めているときは、子どもの様子を見て、姿勢を変えたり、あやしたりしながら、周囲に対する興味や大人への関心が育つようにする。

　喃語が盛んに出る時期なので、子どもの発声に「ご機嫌ですね」「お腹、空いたのかな」など応答的に関わることが、子どもの情緒の安定につながる。

　自分の世話をしてくれる大人が誰なのかを、徐々にわかってくる時期でもあるので、なるべく特定の保育者が関わるようにし、子どもが自分からさまざまな要求を出せるようにしていく。集団ではあるが、子どもがゆったりと過ごせる環境を整え、一対一の時間を大切にする。抱っこやおんぶなどスキンシップを図り、授乳やおむつ交換のときにも「ミルク飲もうね」「さっぱりしようね」など、必ず声をかけてから行う。

　また、近くにある玩具を握るようになるので、吊り遊具やガラガラなど、握りやすい安全な玩具を用意し、見る、なめる、握るなどの感覚運動をうながしていく。一人で機嫌よく遊んでいるときは見守るようにし、飽きてしまったら、抱っこをしたり、姿勢や環境を変え、気分転換を図っていく。

　この時期にみられる寝返りは、子どもの発達において大きな節目であり、子どもを育てる親にとって大きな喜びである。しかし、日中を保育所などの集団で過ごしている子どもは、はじめての寝返りを保育所で迎えることもある。

　保育者は「最近、お尻を一生懸命上げています。もうすぐ寝返りができそ

赤ちゃんは自分の顔が大好き

　3か月になるH美は、最近吊り遊具がお気に入りで、中でも一番好きなのが鏡。上から吊るされている鏡に自分の顔が映るとニッコリと笑い、さらに鏡に自分の笑っている顔が映ると嬉しそうに声を上げている。

　H美にとっては鏡の中の自分が笑いかけているというよりは、見慣れた顔の赤ちゃんが自分に笑いかけていると感じるのかもしれない。

　一般に赤ちゃんが、鏡の中に映った姿が自分の顔だと認識できるのは1歳過ぎだといわれている。

うですね」「今日、はじめて寝返りをしました。○○ちゃんも、とてもうれしそうでしたよ。ご家庭でもきっと寝返りをすると思うので楽しみにしてくださいね」などの声かけをし、子どもの成長を親と一緒に喜び、分かち合う姿勢が保護者との信頼関係を深めていく。

（2）6か月〜1歳3か月未満

　身体が自由に動かせるようになり、さまざまな運動機能が発達する。さらに指先の筋肉も発達してくるため、次々に興味のある場所へ自分から積極的に動き、物や人に関わろうとする姿がみられるようになる。

　この時期は、寝返り、お座り、はいはいが始まり、つたい歩き、歩き始めにあたる（詳しくは、後述する）。よく「はいはいが始まったら目が離せない」と言われるように、ほんの少し目を離した隙に思わぬ事故にもつながりかねないので、気の抜けない時期である。

①6か月～9か月

❖ **発達の特徴と子どもの姿**

　活発に動くようになるにつれ、体重の増え方もなだらかになり、身体が徐々にしまってくる。

　6か月頃より乳歯＊が生え始める（下の前歯から徐々に上の前歯が生える）。歯が生え始めるときは「ププッ」とつばを出したり、歯茎をかゆがり、イライラすることもある。歯固めなどの玩具を用意し、ガーゼで歯茎をマッサージして、少しでもかゆさをやわらげるよう配慮する。

　また、母親から受け取った免疫（母子免疫）が切れ、病気にかかりやすくなる。突然熱を出すこともあるため、子どもの体温や顔色、機嫌などに注意しなければならない。

　寝返りが上手になり、一方向だけではなく、腹ばいから仰向けに戻れるようになり、寝返りを繰り返しながら、ごろごろと移動していく。6か月頃から抱くと膝を蹴るようになる。これは、足の力が強くなった証である。

　支えられると少しの間だが座れるようになり、7～8か月頃より、一人で**お座り**ができるようになる。しかし、最初のうちは安定が悪く、前後に転がってしまうこともあるため、まわりにクッションやマットなどを置いて、ケガのないように配慮をする。

　お座りができるようになると視界が広がり、両手が自由に使えるため、遊びの幅が広がる。目と手の協応動作の発達により、指、両手の協同運動が始まる。身体のそばにある玩具などに自分から手を伸ばすようになり、玩具を持ちかえたり、手に持ったものでテーブルをたたいたり、高いところから物を落として、音を楽しんだりする。

　また、徐々に**はう**ようになる。ハイハイには、さまざまな形があり、うつ伏せでお腹をつけた上体で、両足や片足を曲げず、手の力だけで進む「ずりばい」、膝をついて進む「ハイハイ」、足を伸ばしたまま足の裏を床につけてお尻を持ち上げて進む「高バイ」などがある。

　最初のうちは、なかなか前に進めず、後ろに下がってしまうこともあるが、

＊乳歯は2歳6か月頃までに20本生え揃う。

第3章　3歳未満児の発達と保育

図2　ずりばい　ハイハイ　高バイ

やがて前に進めるようになる。ハイハイができるようになると、自分のほしい物や目的を見つけると、積極的に動くようになる。見たもの、触れたものを何でも口に入れて確かめる時期であり、好奇心が少しずつあらわれてくる。

　6か月を過ぎたころから、**人見知り**や場所見知りをするようになる。人見知りは、個々によってあらわれる時期やあらわれ方にも違いがあるが、知っている人（物・場所）と知らない人（物・場所）の区別がつくようになり、未知の物に対する恐怖心が芽生えたためである。

　人見知りは、知的発達のあらわれでもあり、信頼できる人（保護者や保育者）と、自分との結びつきができた証である。知らない人にあやされると、顔をジーっと見て不安げな表情をしたり、ときには泣き出したりする。反対に、担当の保育者にはより親しみのある表情やしぐさをし、保育者が手を差し伸べると自分から身を乗り出すようになる。甘える、そばにいてほしいなどの様子が強く見られるようになる。

　また、言葉の一部を理解するようになり、いいこと・悪いことがわかるようになってくる。「上手、上手」とほめられるとうれしそうにし、ほめられることを喜び繰り返す。繰り返し言うことが言葉の習得にもつながる。

　離乳食は徐々に食べる量も増え、2回食から3回食へと移行していく。

ワーキングメモリ

　生後6か月頃から、遊んでいた玩具を大人の手の中に隠すと、赤ちゃんは、閉じている手を開けようとする。これを発達心理学者のピアジェ（Jean Piaget 1896-1980）は、「ものの永続性の理解（ワーキングメモリ）」と言っている。ワーキングメモリ（working memory）とは、認知心理学において、情報を一時的に理解しておくこととある。

　さらに1歳頃になると、遊んでいたおもちゃを身体の後ろなどに隠しても見つけられるようになる。これは、自分の目で見たものを少しの間記憶することができた証である。

❖ 保育者の関わり

　ハイハイをするようになると、床にすべるものを置かない、口に入れたら危険なものを排除するなど、とくに安全に留意しなければならない。ハイハイは腹筋や腕、足の筋力がつき、ハイハイをたっぷりすると歩き出したときに転びにくいといわれている。ハイハイは平らな場所だけではなく、マットを使ってなだらかな高低をつけ、坂を登ったり、降りたり、狭い場所を通るなど、さまざまな場所でたっぷりとハイハイをさせてあげたい。また、行動が活発になるので、十分に休息をさせる。

図3　マットを使ってなだらかな高低をつける

人見知りがあらわれる反面、大好きな大人には、遊んでほしいという要求を声や表情であらわすようになる。親しい大人との関係は、あやされたりする快さを経験してさらに強いきずなとなっていく。一対一の関わりを多く持ち、膝に乗せて揺らし遊び、くすぐり遊びなど、スキンシップを図ることが、情緒の安定につながる。

　大人の声をまねるようになるので、ゆっくり、はっきりと発音し、徐々に発語に結びつけられるようにする。「イナイイナイバー」などの遊びで大人とのやり取りを楽しみながら、言葉への興味を広げていく。模倣は外界との刺激に対する反応の繰り返しで、外からの刺激を視覚や聴覚で認識ができるようになったあらわれである。

　また、子どもが一人で遊んでいるときは見守り、必要以上に話しかけたり、手を出したりせずに、ゆったりとした雰囲気で一人遊びを十分に満足させる

がんばれＫ君

　Ｋ君は９か月で11kgと、少し太めの男の子。お座りはとても上手で、お座りの姿勢のままずりずりと動いている。

　ほしい物は座ったまま動いて取りに行くので、さほど不自由はないのだが、腹ばいにさせるととても嫌がっている。ハイハイをするようになると、身体がしまってくると考えられるため、保護者とも話し合い、Ｋ君にハイハイをうながすようにした。

　まず、Ｋ君の機嫌のいいときに腹ばいにし、好きな玩具（Ｋ君の場合は車）を少し離れた場所に置き「Ｋ君、ブーブー待ってるよ」と言葉かけをした。最初のうちは手が届かないとわかると泣いてあきらめてしまっていたが、毎日繰り返すうちにほんの少しずつではあるが前に進めるようになってきた。

　保育には見守ることも必要だが、適切な働きかけが、子どもの発達をうながすのである。

ことが大切である。

　6か月頃から、夜泣きをする子どもも出てくる。夜泣きの原因としては、はっきりとしたものはわかっていないが、手足の冷え、疲れ、体調不良なども理由の1つと考えられている。また昼間興奮しすぎると、夜泣きをすることもあるため、日常の保育の中で配慮しなければならない。

②10か月～1歳3か月未満

❖発達の特徴と子どもの姿

　身体の大きさは生後1年間で**身長約75cm**、生まれたときの1.5倍、**体重約9kg**、生まれたときの3倍となる。もちろん個人差はあり、全体的には女の子のほうが少し小さめである。

　10か月頃には、**一人で座る、座ったまま向きを変える**ことができるようになる。また、徐々にテーブルなどに**つかまって立ち**、**つたい歩き**を始める。横歩きで体重を移し変え、大人が両手を持ってあげると、前に進むようになる。1歳を過ぎると物につかまらなくても立てるようになり、1歳3か月頃には大半の子どもが**歩き始める**。歩行ができるようになると、外界への興味が広がり、ますます活発になっていく。高いところに登ったり、自分の興味のあるところに積極的に行こうとする。自分の足で興味のあるところに行き、目で確かめ、触る、口に入れるなど探索行動が活発になる。

　10か月頃になると、大好きな保育者の姿を見つけると自分から近づいて抱っこを求めたり、姿が見えなくなると泣き出す、保育者の**後を追う**という姿が見られるようになる。大好きな大人の側に、ずっと一緒にいたいというあらわれである。

　大人の話すことがわかるようになり、「マンマ」「ママ」「パパ」「ブーブ」など、いくつかの単語が言えるようになる。これを**一語文**という。自分の名前もわかるようになり、名前をよばれると「ハイ」と返事をする姿がみられ、大人のまねをして「バイバイ」「ちょうだい」などができるようになる。

　また、子ども同士がかかわる様子が時折みられる。他児の持っている物への興味から、玩具の取り合いが出てくる時期であり、玩具を取られると、取っ

た子どもを指差して保育者に訴えて泣いたり、取った子どもを叩いたりすることもある。反対に、泣いている子どもを気にする姿や、ときには喃語を交わすこともある。成長するにしたがって、自分以外の子どもに対する存在を意識するようになり、人見知りが始まる時期でも、子ども同士ではあまりあらわれないことがわかっている。

　遊びは、指先の力がつき、玩具をしっかりと握ることができる。小さいものを拾って穴に入れる、ボールを投げるなど遊びの幅が広がっていく。しかし、次々と興味のある物が出てくるため、1つの遊びに集中する時間は短いが、なかには、強い興味をもったものは集中して遊ぶ姿もみられる。

　食事は、完了食へ移行していく。指でつまんで食べるが、スプーンやフォークなどにも興味をもち始め、食べ物の好き嫌いも出てくる時期である。

臨機応変に

　0歳児クラスでは、担当制をとっていることが多い。それは、なるべく一人の保育者が継続的に関わり、信頼関係を築くためである。

　8か月になるH子の担当は、ベテランのE保育者であった。しかし、1か月近くたってもH子はE保育者になかなか慣れることができなかった。そこで、担当ではないN保育者がH子を担当してみることにした。すると、1週間もたたないうちにH子はN保育者に抱かれても泣かなくなっていった。

　その理由を考えてみたところ、H子の母親は物静かで口数も少ないほうであったが、E保育者はどちらかというと、元気で声も大きいほうであった。反対にN保育者は、母親のタイプと少し似ていたので、H子は心を開いたのではないかと考えられる。

　どんなベテラン保育者であっても、人間同士はやはり合う、合わないということはありえる。担当制も臨機応変に対応することが必要だといえよう。

砂の感触を楽しむ

❖ 保育者の関わり

　行動範囲が広がるとともに、好奇心が旺盛になる。遊具や玩具、生活用具などの工夫をし、戸外で遊んだり自然に触れるなど、遊びの場を拡大し、好奇心が満たされるようにする。歩行が始まると、少しの段差や小さいものにつまずく、すべって転んだりと、体のバランスをくずしやすいので、安全に留意した環境を整え、子どもの行動から目を離さないようにする。

　後追いの時期には、保育者が急にいなくなって子どもが不安にならないよう「先生、ご飯、取りに行って来るね」「お隣のお部屋にご本、取りに行くね」など、声をかけて子どもの情緒を安定させることが、子どもとの信頼関係を深めていく。

　立てるようになると、視界が広がり、さまざまなものに興味をもち、「アッ、アー」と指差し行動で保育者に知らせるようになる。これは、自分の発見を大好きな人に知らせたいという行為であり、保育者は「ブーブね」「くまさんね」と応え、**共有**し、**共感**することが大切である。子どもの言葉の発生をうながすことで、語彙が増していき、周囲への関心も芽生えてくる。

　自分の好きな遊びに集中しているときは、見守るようにしたい。子どもから相手を求めてきたときは、ボールを転がしたり、一緒に絵本を読んだり、歌を歌うなど、子どもが満足のいくように相手になって遊ぶよう心がける。

第3章　3歳未満児の発達と保育

（3）1歳3か月～2歳未満

　歩き始めるとともに、全身運動が活発になり、行動範囲も広がる。まわりの人や物に自発的に働きかけ、何でも自分で試そうとする。「いたずら大好き1歳児」といわれるように、目の離せない時期である。

❖発達の特徴と子どもの姿

　1歳になると法律の上では**幼児**となる。人間としての自立を支える基盤となる**離乳の完了**や**歩行の完成**、**言葉の獲得**、**探索活動**などがみられる時期である。

　手すりをもって階段を上がる、走る、ぴょんぴょんとはねるなど、さまざまな運動機能が発達する。物をつまむ、めくる、通す、外すなど、指先の細かい作業もできるようになり、全身の協応動作も滑らかに機能するようになってくる。

　歩行の完成は個人差が大きいが、歩きだすのが遅い子どもでも、1歳5か月までにはほぼ完成する。探索行動がますます活発になり、引き出しを開けたり、ゴミ箱をかぶったりと、次々に興味のある物を見つけては、自分の目で確かめ、口に入れたり、触ったりしている。何にでも興味・関心があるため、目の離せない年齢であるといえよう。

　徐々に体力がついてきて、午睡は1回となり、まとめて眠ることができるようになる。

　排泄の面では尿意をもよおすと、「チッチ」と知らせたり、もぞもぞと落ち着かない様子もみられ、徐々に自立へと向かっていく。

　1歳半頃から発語が盛んになり、言葉も**一語文**から**二語文**へと発達していく。「マンマ、たべる」「パパ、かいしゃ」など、自分の思いを言葉であらわすようになっていく。発語の遅い子でも大人の話す言葉の意味はわかるようになってくる。「ばか」「うんち」などの言葉をわざと使いたがる時期でもある。

　徐々に、友だちや周囲の人への関心が高まって、相手が遊んでいたり、楽しそうにしていると、自分から近づいていく姿がみられるようになる。しか

し、言葉でうまく自分の感情をあらわすことができず、同じ玩具をほしがったり取り合ったりする。大人が「ちょうだい、貸してって、言おうね」と子どもの気持ちをくみ取って、子ども同士の関係を築く足がかりとなっていく。

歩き始めた頃の子どもの様子

　運動機能が発達すると、遊びの幅も広がり、クレヨンでなぐり書きをしたり、車の乗り物にのって遊ぶようになる。また、興味のある絵本を保育者と一緒に楽しむようになる。指をさしながら「ワンワン」「ブーブ」など自分の知っている単語を話しながら楽しむ。

　1歳6か月を目途(めど)に離乳は完了し、幼児食へと移行する。自分でフォークやスプーンを使って、食べようとするようになる。

❖保育者の関わり

　1歳児は大人への依存心と独占欲が強い。保育者はその気持ちにできるだけ応え、甘えたい気持ちを受け止め、満足するまで相手をすることが、子どもの情緒を安定させるのである。

　探索行動が増えるため、安全に留意して子どもの好奇心を満足させるような環境を整える。大人にはいたずらにしか見えないことも、この時期の子どもには大きな意味をもつ。手当たり次第に物をいじり回すことで、「硬い」「柔らかい」「味」「音」などを学び、好奇心を満足させる。そして、さまざまな場所に自ら出向き、実際に見て体験することで一つ一つ覚えていくのである。この時期、汚いからなどの理由ですべてを禁止してしまうと、子どもの知的発達にも悪影響をおよぼすことにもつながる。

　さらに、子どもが自由に出し入れできる引き出しなどを用意し、見守っていくことも必要である。しかし、何でも口に入れるので、小さいものは安易

図4　引き出しから物を取り出す

に置かない（鼻、耳にも入れる）。そして、危険な行為はその年齢に合った短い言葉、強い口調で知らせることが大切である。「危ないよ。そっちは行ってはいけないよ」と目を見てしっかり伝える。大人の真剣な眼差しから、「あれ？　いつものやさしい先生とは違う……」ということを子どもは必ず感じているはずである。

　また、保育者との関わりを強く求め、保育者に抱かれているとき、ほかの子が近寄ってくると手で押しのけたり、叩いたりすることもある。集団の場合は、一人だけにずっと関わることは難しいが、保育者が子どもからの要求をくみ取り、「○○ちゃん、大好き」などの言葉かけや、積極的に関わることが子どもの情緒の安定につながる。

　また、大人の模倣を楽しみ、まねする時期なので、一緒にやってあげることが大切である。言葉の模倣はとくに盛んになるので、保育者はゆっくりと話すよう心がけ、また正しい言葉遣いを心がけなくてはならない。子どもが何か話そうとしているときは、保育者は先回りをせずに、子どもからの発語を待つようにする。

　玩具の取り合いなどからトラブルが生じたときは、相手に危険が加わらないように配慮をするが、「この車がほしかったの？」「○○君は取られたら悲

しいよ」「貸して、ちょうだいってお話ししようね」と子どもの気持ちを代弁し、仲立ちとなることが子ども同士の人間関係を広げていくきっかけにつながる。

　言葉を獲得していく時期にあたるが、まだ自分の気持ちを言葉であらわせるわけではない。うまく相手に伝わらないと行動に出る子どももいる。噛みついたり、引っかいたり、髪を引っぱったりといった行動が見られる。とくに噛みつき行為の多い子どものそばは、なるべく離れずに見守りたい。

お散歩大好き

　歩き始めるようになると、子どもは外に行くことを喜ぶ。しかし、大人の手を振りほどいて自由に好きな場所へ行きたがり、思うように子どもは歩いてはくれない。そして疲れてくると抱っこをせがむ。だからといって、大変、危ないという理由でベビーカーに乗せてばかりいると、この時期に身につけたい「危険」について教えることができない。

　大人の手を振りほどこうとしたときに「おててをつながないと、車にゴツンしちゃうよ。危ないから手をつなごうね」と言葉で危険なことを知らせることが、やがて子どもが自分で考えて行動することにつながる。子どものペースでゆっくりと歩き、草木や花など、そのときどきの自然に触れ、危険なことはそのつど知らせることが大人の大事な役割である。

　普段何気なく歩いていると大人には気づかないことも、子どもの目線に立ってみると、新たな発見が生まれることもある。

（4）2歳～3歳未満

指先の運動や平衡感覚などの運動機能が発達してきて、生活面でも少しずつ自立してくる。他児への関心や関わりが増す一方、自我意識の芽生えによるけんかも多くみられる時期である。また、さまざまな言葉を習得する。

❖発達の特徴と子どもの姿

2歳を過ぎると、手足が伸びて、体のバランスも幼児らしくなったように感じられる。脳は成人の大きさの5分の4くらいに成長し、乳歯がほぼ出揃う。

走る、跳ぶ、押す、投げる、運ぶ、引っ張る、ぶら下がるなど、さまざまな運動機能や指先の機能が発達する。生活面においても少しずつ自分でできるようになってくる。

2歳児は、今まで大人に依存した生活であったが、身のまわりのことが少しずつできるようになり、言葉が話せるようになるにつれ、「自分はこう思う」「自分はこうしたい」という気持ちが芽生えてくる。これが**自我の芽生え（第一次反抗期）**である。

しかし、自分の思いを言葉で伝えることができなかったり、自分でやろうとしてもうまくできなかったりするため、心の中で葛藤やイライラが募ることがある。自己主張の激しくなる時期である。大人の手伝いを嫌がり、大人の言うことと反対のことをしたり、「いや」「ダメ」「自分で」を連発したり、自分の思い通りにならないとかんしゃくを起こすこともある。

2歳までにさまざまな感情が生まれるといわれているが、感情の表出が激しく、泣く、笑う、怒る、すねるという姿がみられる。さっきまで怒っていたかと思うと、友だちと一緒に笑い合っているという様子もたびたびみられる。

語彙が増え、自分の意思、感情を言葉で伝えようとする。「いれて」「いいよ」「どうぞ」「ありがとう」など簡単な言葉のやり取りができるようになる。二語文から三語文が話せるようになり「今」「さっき」「今日」など、時間的なことも徐々にわかるようになる。また、好奇心から「あれ何？」「これ何？」

などの質問も多くなる。

　排泄は、徐々にトイレでできるようになる。簡単な着替えもできるようになってくるが、まだ大人の援助は必要な時期である。

　また、自分の物、人の物に気づくようになり、友だちの着替えなどを持っていってあげる姿もみられる。

図5　自分の物がわかるようにかごにマークを入れておく

　遊びは一人遊びが中心ではあるが、徐々に気の合う友だちとの遊びを楽しむようになる。しかし、自己主張の激しい時期であるため、玩具の取り合いなどけんかが多くみられる。

　食事はスプーン・フォークを上手に使い、左手にお茶碗をもって食べられるようになるが、食欲にはむらがある。

❖保育者の関わり

　第一次反抗期は、大人にとっては扱いにくい年齢だと考えられがちだが、これは、子どもにとっては大きな成長であり、自己主張ができるようになったと評価し、受け止めていく。しかし、イライラや、怒るという時間はできたら短くしてあげたい。大人が放任するのではなく、好きな玩具・場所・興

味や関心のある物へ気持ちを移すなど気分転換を図り、そういう状態のときは「自分でやりたかったね」「悔しかったね」と、子どもの気持ちをしっかりと受け止めるようにしていきたい。

そのためには、大人が時間、心のゆとりをもって子どもと接することが第一である。基本的生活習慣が自立していく時期なので、子どもが自分でやろうとしているときは、「早く」「急いで」などの言葉はさけ、ゆっくりと見守り、ときには励まし、できたときは十分にほめる。それが子どものやる気を引き出すのである。

しかし、危険なことや、相手に迷惑をかけるなど、社会的に許されない行為については、しっかりと言い聞かせ、保育者の思いを伝えることが必要で

待ってるよ！

A子はこのところ、保育者のいうことには「イヤ」と言うことが多い。お散歩から「そろそろ園に帰ろう」と声をかけると「イヤ、まだ帰らない」と言う。食事に誘うと「ヤダ、いらない」と反対のことを言い、保育者を困らせている。

そんなとき保育者としては、どのような対応や言葉かけをしたらよいのだろうか。「じゃあ、先生とお友だちは保育園に帰っちゃうよ。A子ちゃんバイバイ」「ご飯いらないなら食べなくてもいいよ」というような言葉かけを耳にすることがある。実はこの言葉は子どもにとっては見放されたと感じてしまうのである。

子どもの心に寄り添う保育とは、子どもの立場に立った言葉とはどのようなものだろうか。「お留守番している○○先生はA子ちゃんが帰ってこないと寂しいって言うよ」「今日の給食にはA子ちゃんの好きなイチゴがあるから先生と一緒に食べよう」など、子どもが自分から行きたい、食べたいと思えるような言葉かけを心がけたい。そのためには、保育者はさまざまなアイデアをもち、時間にも心にも余裕をもって保育をすることが望まれる。

ある。2歳児は自分に対しての自律心や人へのやさしさが育つ時期である。日々の積み重ねの中で子どもの心は育っていく。子どもに関わる大人の対応が大きな影響を与える。

　また、集団での活動が増えていくが、基本は保育者対子ども一対一の関係である。大人との有効な人間関係を経て、他者との関係性も育ってくる。保育者が仲立ちとなり、人間関係を広げていくのである。

友だちと一緒に芋掘り

保育のポイント

　大人は嘘をつかない。2歳児は「これ何？」「あれ何？」と質問が多く「あれやりたい」「これやりたい」など大人を手こずらせてしまうことも多い。保育者も忙しいときはつい「あとでね」と言い、そのままごまかしてしまうことがある。

　「あとでね」というのは、便利な言葉のように聞こえる。しかし、子どもは「あとでね」と言われると「○○した後かな？」「○○の次かな？」とずっと待っているのだ。

　そして、結局自分の思いがかなえられないと、「あとで」という言葉はやってくれないものととらえ、子どもは大人を信用しなくなってしまう。子

もが相手であっても、嘘はつかない。忙しくてできないときは「ゴメンネ。今は先生お片づけしているからできないの。お片づけ終わるまで待っててね」とごまかさずに責任をもって言動してほしい。

演習課題

1. ０・１・２歳児の発達を自分なりに整理してみよう。

2. 日常の生活の中で、泣いている子どもを見かけたときに、なぜ泣いているのか原因を考えてみよう。また、そのときの保護者や保育者の対応を観察してみよう。

3. 言葉の発達の遅い子どもに対して、保育者としての配慮、対応について考えてみよう。

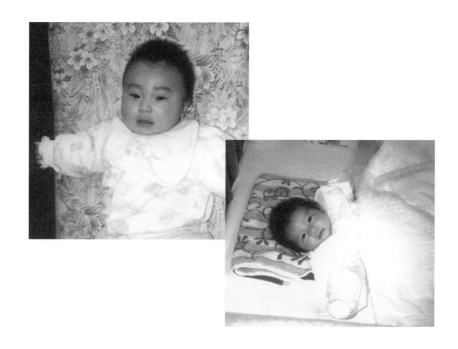

参考文献

- 安部富士男、林美『ちょっと気になる子の保育・子育て』新読書社、2003
- 小野寺敦子『手にとるように発達心理学がわかる本』かんき出版、2009
- 中西義明、安藤清志、子安増生、坂野雄二、繁桝算男、立松政夫、箱田裕司『心理学辞典』有斐閣、1999
- 小西行郎『知れば楽しいおもしろい赤ちゃん学的保育入門』フレーベル館、2006
- 高橋司『乳幼児のことばの世界——聞くこと・話すことを育む知恵』宮帯出版社、2007
- 厚生労働省編『保育所保育指針解説書』フレーベル館、2008
- メレディス・F・スモール（野中邦子訳）『赤ん坊にも理由がある』角川書店、2000
- 塚本美知子、大沢裕編著『人間関係』（新・保育内容シリーズ２）一藝社、2010
- 阿部明子ほか編『０歳児の生活プラン』（新しい保育カリキュラム１）チャイルド本社、1980

第4章

乳児保育の内容と方法

　　保育所などで生活している子どもは、日中の大半を集団で過ごしている。だからこそ清潔・安全な環境で、またホッとできる場所でなければならない。集団であっても乳児は個別保育が基本である。一人一人の発達に即し、子どもにより添った保育を心がけていく。
　　保育の内容は、大きく「生活」と「遊び」に分かれている。月齢が低いほど生活が占める割合は大きい。

1　養護と教育が一体となった保育

　近年、幼児教育の重要性が問われるようになり、とくに、3歳未満児の教育の必要性が指摘されるようになった。海外の研究では、自尊心や目標持続力、社交性といった非認知能力（社会情動的スキル）を乳幼児期に身につけることが、大人になったときの生活に大きな差が出ることがわかってきている。主体的に周囲の人や物に興味を持ち、「自らかかわりたい」「知りたい」「やってみたい」という気持ちが、学びの原点となる。このことからも3歳未満児の保育が、改めて重要であるといわれるようになったのである。
　この学びの芽生えは、「養護と教育が一体」となって始めて培われ、それ

は年齢が低いほど重要であるといえる。保育所保育指針にも示されているとおり「養護」とは、「生命の保持」と「情緒の安定」であり、子どもの生理的欲求が十分に満たされ、健康で安全な環境で伸び伸びと生活ができるよう保育者は子どもの心に寄り添い、受容的な保育を行わなければならない。

また、養護と教育が一体となった保育は、日々の生活と遊びの中で培われ、1・2歳児は、年齢・発達に即した5領域を意識しながら保育を実践する。0歳児については、5領域に分かれるには未分化な年齢であることから「健やかに伸び伸びと育つ」「身近な人と気持ちが通じ合う」「身近なものと関わり感性が育つ」という3つの視点から保育を実践していくことが望ましい。

図1　0歳児の保育のイメージ図

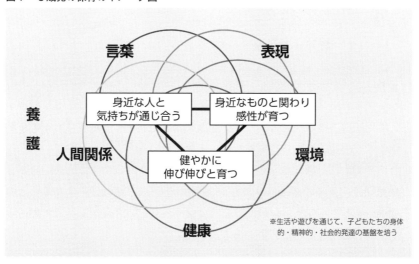

厚生労働省社会保障審議会保育専門委員会「保育所保育指針の改定に関する議論のとりまとめ」厚生労働省、2016

2　3歳未満児の生活とは

乳幼児期に基本的生活習慣といわれる食事、排泄、睡眠、着脱衣、清潔を身につけていくことは重要なことである。この時期に身についたものは、自然と子どもの体の中に入り込んでいく。乳幼児期を土台として、自立へとつ

ながっていくのである。この基本的生活習慣は、人間が快適に生活するために欠かせないものであり、集団保育では家庭と連携して正しく身につけられるよう援助していく。生活習慣を身につけさせることは、大切なしつけでもある。

　しつけとは、国語辞典には「社会生活をするうえで、相手に対して失礼にならない作法が身につくように教えること」とあるが、大人の規範で子どもを叱ったり強制したりするのではなく、あくまでも子どもの自立を促すものでなくてはならない。

　次の3、4に、乳児期と1～2歳児の生活について詳しく述べる。

3　乳児期の生活

（1）乳汁・離乳食

　食事は人間が生命を保持し、健康を維持するために欠かせないものである。しかし生まれたばかりの赤ちゃんは、自分で食べることも飲むこともできない。乳児期は人間の一生のうちで、急激な発育発達をする時期である。しかし消化吸収の機能は未熟であるため、まわりにいる大人が、月齢差、個人差に合わせて授乳→離乳食→完了食へと移行できるよう援助する必要がある。

　乳児期は、栄養の補給以外にも、「食事は楽しく、おいしく食べる」という食事の楽しさを伝え、「咀嚼（そしゃく）」「自分で食べる」という食事を通して生活の自立を促していくことが必要である。

①乳汁

　生まれたばかりの子どもの栄養源は乳汁（にゅうじゅう）である。乳汁栄養には母乳と人工乳（粉ミルク）、混合乳（母乳と人工乳両方を飲んでいる）があげられる。

　一人一人、飲む量、飲み方、タイミング、乳首の種類などに違いがあるため、子どもに合った方法で接していく必要がある。

❖ 母乳

母乳は栄養面はもとより母と子のスキンシップが図られ、消化吸収がよく、免疫力が高まるといわれている。また、吸うことで咀嚼筋(そしゃくきん)が鍛えられ、衛生面で手間がかからず経済的である。集団保育では、主に人工乳が中心だが、可能であれば、授乳毎に母親に登園してもらい母乳を飲ませてもらうのもよい。園によっては、母親が母乳を冷凍保存したものを持参してもらい、解凍して温め、飲ませている。しかしその場合、衛生面での十分な管理と対応が必要である。

❖ 人工乳（粉ミルク）

保護者との十分な話し合いのもと、連携を図っていくことが重要である。今まで家庭で母乳しか飲んでいない子どもは、なかなか人工乳（粉ミルク）になじめない場合もある。家庭でも少しずつ粉ミルクに慣れていってもらい、家庭での粉ミルクの種類、乳首(にゅうしゅ)（メーカーによって乳首形もさまざま）などをあらかじめ聞いておくことが、スムーズな授乳につながる。

保育所での調乳は、主に調乳室で行われ、調乳室は常に清潔に保たれなければならない。月齢によって授乳量の目安は変わってくる。

世界保健機関（WHO）および国連食糧農業機関（FAO）の「乳児用調製粉乳の安全な調乳、保存及び取り扱いに関するガイドライン」の概要は、以下のとおりである。

❖ 哺乳瓶を用いた粉ミルクの調乳方法

- 調乳する場所を清掃・消毒する。
- 手を石鹸できれいに洗浄する。
- 哺乳瓶は5分間、乳首は3分間煮沸消毒する。
- 正確な量の粉ミルクを哺乳瓶に入れる。
- 沸騰後70℃以上に保った湯をでき上がり量の3分の2入れる。
- 哺乳瓶をゆっくり左右に振りながら中身を溶かす。
- 溶かしたら残りの湯を加え、手で扱わないように乳首をつけ、完全に溶か

図2　粉ミルクの調乳方法

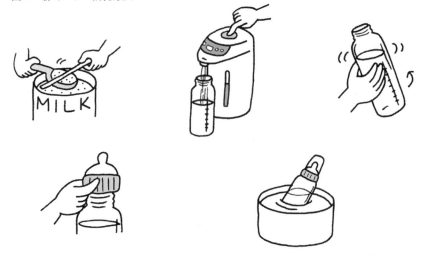

す。
・混ざったら流水にあてながら冷やす。
・人肌（37～40℃）になったら、できるだけ早く授乳する。
・2時間以内に使用しなかったものは廃棄する。

　　❖人授乳のポイント

・授乳の前には、おむつが濡れていないかを確認し、保育者は必ず手を洗う。
・できるだけ静かな場所で授乳する。
・子どもの顔や手をおしぼりなどで拭く。
・暑い時期、乳児は大量に汗をかいて飲むため、首の下にタオルを当てる。顎にはミルクが口から流れてもすぐ拭けるよう、ガーゼを当てる。
・手首に数滴ミルクをたらし、ミルクの温度を確かめる。
・子どもの目をみて話しかけながら授乳する（目と目のまなざし体験）。
・飲みの悪い子には途中でミルクを温め、速すぎる子には乳首の穴を変えるなどの配慮をし、約15分を目安に飲ませる。
・飲み終えたときには縦に抱き、背中をやさしくなでて排気をさせる（乳児

はミルクを飲むときに一緒に空気も含んでしまうため、排気をさせないとミルクを吐いたり、気管に詰まらせてしまうこともある）。
・ミルクを吐きやすい子は、しばらく縦抱きにし、少し消化してから寝かせるようにする。授乳の途中で排気をさせることも効果的である。
・飲んだ時間と量を記録する。

授乳の様子

図3　授乳の手順

第4章　乳児保育の内容と方法

保育のポイント

授乳は栄養補給ではあるが、それと共に保育者と一対一の大切な触れ合いである。ゆったりとした時間の中で、「おいしいね」と声をかけ、落ち着いて飲ませてあげたい。

②離乳食

離乳食は、幼児食への前段階である。生後3〜4か月頃から体が成長するに伴って母乳だけでは不足する栄養も出てくるため、徐々に離乳食を進めていく。

3〜4か月になると、吸うことと飲み込むこと（嚥下）が連動しなくても、口の中にミルクをためたり、口の中にためたものを飲み込むことができるようになる。お腹いっぱいになったときに見られる遊び飲みが、離乳食開始の目安となる。また、大人が食べているときに大人の口をじっと見たり、一緒に口を動かすことも食べ物に興味をもちはじめた証拠である。

離乳食を通じて食習慣が形成されていく。個々の発育状況を見ながら、生後5〜6か月、体重7kgを目安に、家庭と一緒にスタートする。

保育のポイント

集団保育に入ったばかりの頃は、離乳食の前に、保育者が一緒に遊びコミュニケーションを取ってから介助をする。知らない人からは、子どもは警戒をしてなかなか食べてはくれない。

5〜6か月頃は、スプーンで口に入れたら顎に手を添え、軽く顔を持ち上げる。こうすることで、口と食道がまっすぐになり、食べ物が入りやすくなる。最初は食物を取り込む力が未発達であるため、保育者は介助をしながら「ごっくん」と声をかけ、一緒に飲み込むまねをすることが大切である。

はじめて口にする食材では、アレルギー（入園時に確認）や、食後の便において軟便、発酵臭などの症状が出ていないかを確認する。

表1　離乳食の進め方の目安

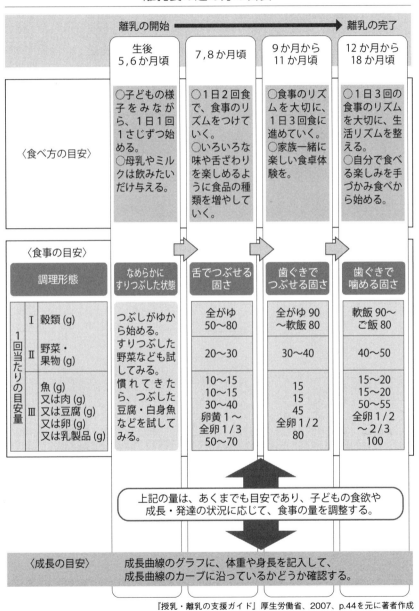

『授乳・離乳の支援ガイド』厚生労働省、2007、p.44を元に著者作成

はじめての離乳食

　7～8か月頃になると、離乳食にも慣れてきて、一度に食べる品目が増える。「もぐもぐ」と言いながら、保育者も一緒に口を動かすようにする。嫌がって口から出したり、食べ物を手ではらったりすることもあるが、保育者はイライラせずに、食べるまねをして「おいしいね」と声をかけたり、スプーンに乗せて見せるなど、根気強く進めるようにする。

食事用ベビーチェア

9〜11か月頃になると、手づかみで食べたり、ときには遊び食べもみられるようになる。硬いものを少しずつ食べるようになるので「カミカミ」と咀嚼をうながしていく。自分で食べたいという気持ちを尊重し、手づかみでも叱ったりはしない。しかし、食べ物で遊び始めたら「ごちそうさまね」と終わりにさせる。

　10か月を過ぎると、スプーンやフォークにも興味を示し始める。スプーンですくって口に運ぼうとするが、最初はスプーンが逆さになって食べ物が全部落ちてしまい、かんしゃくを起こすこともある。子どもは何度も失敗を繰り返し、少しずつ成長していく。子どもがフォークなどを口に持っていったとき、さりげなく横から入れると、自分で食べたように錯覚して、達成感に浸ることができる。保育者はできるようになるまで手を添えたりしながら気長に見守っていく。

図4　スプーンの選び方、持たせ方

　自分で汁物を飲み始めるようになるのも10か月を過ぎてからである。底が広く安定していて、子どもが持てる軽い茶碗が好ましい。最初はこぼすことのほうが多いので、量は3分の1くらい入れるようにする。両手で持つこと

を教え、保育者は手を添えて、一口の量を調節する。
　離乳食は、食べる量や好みも個人差が大きい。子どもの成長や発達状況、日々の子どもの様子を見ながら進めること、強制しないことなどに配慮する。また、生活リズムを身につけ、食べる楽しさを体験していくことができるよう伝えていくことが何より大切である。

(2) 睡眠

①睡眠の重要性

　乳児期の子どもの睡眠は、大人の睡眠とは大きく異なっている。これは脳が未発達であることや身体の成長に深く関わりがある。子どもにとって質のよい眠りが重要であり、心地よい睡眠環境を設定することが大人の役割である。

　昔から「寝る子は育つ」といわれているが、それは科学的にも証明されている。睡眠中には成長ホルモンの分泌が増加し、骨や筋肉、脳の発育が促進される。すなわち成長過程にある乳幼児は、多くの睡眠を取ることでたくさんの成長ホルモンを分泌させ、自分の体をつくっていくのである。反対に目覚めているときには、エネルギーが消耗され、成長ホルモンの分泌は抑制される。

　さらに、「早寝早起き」は子どもの健やかな成長発達のためには重要である。睡眠には、ノンレム睡眠といわれる「脳の睡眠」と、レム睡眠といわれる「身体の睡眠」があり、とくに深夜0時以前のノンレム睡眠時に成長ホルモンの分泌量が最大になることがわかっている。早寝早起は乳幼児の心身の発育発達、情緒の安定に深い関わりをもっているのである。食事を

眠っている子どもの姿

しっかりとり、日中の活動が充実したものであると心も体も満足し、子どもの眠りを心地よいものとしていく。さらにまたその睡眠が次の日の活力を生むことになる。

　睡眠時間は、新生児は昼夜の区別もなく浅い眠りを繰り返し、1日のほとんど（16±2時間）を眠って過ごす。2〜4か月になると13〜15時間くらいになり、夜は比較的よく眠るようになる。5〜9か月には13〜14時間眠り、夜泣きをする場合もあるが、夜一度眠ると朝まで起きない睡眠の習慣がついてくる。

②眠っているときの注意

　保育所など集団で生活をする子どもにとって、午睡は緊張状態からの解放であり、夜の睡眠と同じく大切な時間である。だからこそ、適切な環境を整えてあげたい。

　心地よい眠りの環境とは、なるべく静かで、ほどよく暗く（真っ暗では子どもの様子がわからない）、温度、湿度、換気などが配慮されていることが望ましい。子どもは眠りについてからしばらくは、かなりの汗をかく。汗をかいているからといって、冷房を利かせすぎると、その後、体が冷え、風邪をひいてしまうこともある。汗をかいていたらまめに体を拭く、うちわであおぐなどで対応し、こまめに子どもの様子を確認することが大切である。汗をかいているからといって着替えると目が覚めてしまうので、薄手のタオルを背中に入れて取り替えるとよい。

　子どもが眠っている間、保育者は食事や休憩、記録などの時間に当てている。しかし、眠っているからといって安心するのではなく、当番で必ず一人は子どものそばで顔色や呼吸の有無などを観察しなければならない。これは、近年眠っているときに突然起こる乳幼児突然死症候群＊の予防でもあるということを忘れてはならない。

＊乳幼児突然死症候群（SIDS）
今まで元気であった乳幼児が、何の兆候も既往歴もないまま、主に睡眠中に突然死亡する疾患。原則として1歳未満の乳幼児にいう。解剖検査でも原因不明。うつぶせ寝、両親の喫煙なども原因の一つではないかといわれているが、はっきりとした原因は現在でも判明していない。日本では2000人に1人の割合で発症している。

また、起床時間や健康状態によって睡眠時間が一定しないときもある。子どもが疲れていたらゆっくりと寝かせるなど、機嫌よく過ごせるよう臨機応変な対応が必要である。目覚めたときに、いつまでもボーッとしている、ぐずぐずと機嫌が悪いなどいつもと違う様子は、体調が悪い場合もあり、こまめに検温をするなど気をつけておかなければならない。

❖ 夜泣き

子どもを育てる親にとって、辛いと感じるものの一つに子どもの夜泣きがあげられる。夜、寝たと思ったらしばらくしてぐずぐずと泣き出す。抱っこしてもなかなか眠らず、寝たり起きたりを繰り返すこともある。

一般に生後半年頃から始まり、1歳半頃には収まってくるといわれているが、まったく泣かない子もいれば、毎日夜泣きをする子もいる。この夜泣きの原因については、寝ているときに怖い夢を見た、運動不足、昼間興奮しすぎた、のどが渇いた、暑い、寒い、体調不良など、さまざまな要因があると考えられているが、実際には原因の真相はつかめていない。夜泣きが完全になくなる対策方法はなく、赤ちゃんが成長していく過程においては昼夜関係なく泣くのが当たり前、と考えるのが適切であろう。

まわりにいる大人は少しでも子どもが快適に眠れるような環境を整え、子どもに早寝・早起き・自律起床（自然に目覚めて自分で起きる）の習慣を確立させていくことが重要である。

また、室内の温度・湿度の調節も大切である。とくにアレルギーをもつ子どもは、室内の寒暖や空気の乾燥などにより、発作を起こしたり、体調を崩すこともある。花のない観葉植物を置いたり、空気清浄器、エアコンなどを使って調整し、室内の温度計や湿度計を用いて確認することが望ましい。

（3）排泄

生まれたばかりの子どもは、反射的に排尿便をしている。次第に尿意や便意をもよおし、徐々に排泄の自立へと向っていく。

便や尿は健康と深く結びついており、回数、量、色など、そのつど確認す

ることが大切である。

①おむつ

　おむつには紙おむつと布おむつがある。現代では、手軽さなどの面から紙おむつを使用することが多くなってきた。しかし、経済や環境の問題から布おむつの使用もみられる。布、紙にはそれぞれ特徴があり、個々の家庭の状況や保育環境によって使い分けることがよいとされている。

○**紙おむつ**：月齢や体重、男児用、女児用、テープ式、パンツ式、夜用、トイレットトレーニング用など、さまざまなものが流通している。用途に合わせて選ぶことができ、尿を急速に吸収する高分子吸収体の紙おむつが普及している。
○**布おむつ**：素材は肌触りがよく、吸収性があり洗濯できるため繰り返し使える。通気性がよいため、おむつかぶれもしにくい。ドビー織などの綿素材で色は白か淡い色合いのものが好ましい（尿の色がわかる）。おむつカバーを使用し、通気性、伸縮性、柔軟性のあるものを選ぶ。

②おむつ交換

　おむつ交換は、布・紙ともに「汚れたら取り替える」ことを基本とする。紙だからもう1回分は大丈夫などと取り替えないでいると、おむつの中がムレておむつかぶれの原因にもなる。

　また、出たら替えることを繰り返すことで、清潔にすることへの感覚がつき、スムーズなトイレットトレーニングにつながっていく。

　おむつかぶれになってしまったときは、ぬるま湯でやさしくお尻を洗い、少し時間をおいて乾かしてあげるとよい。

❖ **おむつ交換の留意点**

・おむつ交換は保育者とのスキンシップのチャンスである。「さっぱりしようね」と声をかけたり、足の屈伸や、体全体を優しくマッサージしてあげる。

- 動くようになったらおむつ交換台からの転落に注意する。高さの低いおむつ交換台に変えるのもよい。嫌がる子には歌を歌ったり、吊り遊具を見せたりしながらすばやく取り替える。
- 排便は清潔なガーゼや布、ウエットティッシュ（冷たくないもの）で拭き取る（女の子は必ず前から後ろへ）。
- 足や腰が動きやすいようにし、腹部は大人の指が1～2本入るくらいのゆとりをもたせる。
- 布おむつの場合、おむつカバーからはみ出たおむつはカバーの中に入れる（カバーからおむつがはみ出ていると、尿や便が漏れてしまう）。
- 交換後、保育者は必ず手を洗う。

おむつ交換台の例

point!

保育のポイント

保育者は1日に何度もおむつ交換をするが、子どもにとっては保育者との大切な時間である。機械的にならないよう気をつけなければならない。

（4）着脱衣

　乳児は体温調節の機能が未発達である。そのため衣服は、夏は通気性のあるもの、冬は保温性のあるものを選び、暑さや寒さなど外界の気温の変化から身を守るためのものでなければならない。また、衣服の調節は大人が心がけ、戸外に行くときは、日中暖かいからといってTシャツ1枚で出かけると、風が吹いたり日陰に行くと急に寒く感じるものである。急激な気温の変化に子どもは体調を崩してしまうこともある。

①望ましい衣服

　最近は、大人の服装をそのまま子どものサイズにつくってあるような、デザイン性にすぐれたものも出回っているが、子どもにとって望ましい衣服とは、実際はどのようなものであろうか。

○**季節に合った衣服（保温性、通気性にすぐれているもの）**：季節の変わり目などは、日によって、また、1日を通しても朝夕は温度差が激しいため、薄手の衣服を重ね着して、暑くなったら脱ぐ、寒くなったら着るなどの調節をするとよい。
○**肌触りのよい素材である**：乳児期は衣服を口に入れたりすることも多い。また、子どもの皮膚はデリケートである。綿や麻などの肌触りのよい自然素材が望ましい。
○**洗濯しやすく、手入れが簡単である**：1日に何度も着替えをするため、洗濯に耐え、干した後もアイロンなどの手間がかからないものがよい。
○**成長に合った衣服**：寝ている頃はロンパース。動けるようになったらTシャツ、トレーナーにズボンが望ましい。

図5　衣服の例（Tシャツ・トレーナー・ズボン・ロンパース）

（5）清潔

　乳児は新陳代謝が盛んで皮膚は未発達であり、デリケートでかぶれやすい。よだれや食べ物のかす、排泄物による刺激などで湿疹（しっしん）やおむつかぶれもできやすい。だからこそ清潔な環境を整えてあげることが大切である。

　そばにいる大人が清潔について心がけることが第一であるが、清潔にこだわりすぎて、子どもが汚れることを嫌がり、自分で食事をさせない、砂場で遊ばせないという親も増えている。しかし、いろいろなものを自分の手で触って、口に入れたりを体験することで、子どもの好奇心は満足し、考える力がつき、知的に発達していく。汚れることを恐れるのではなく、元気のよい子は汚れて当たり前、「汚れたら洗う、取り替える」「きれいになると気持ちがいい」ということを教えるのが大人の大切な役割である。

①清潔を身につけさせるには

　さっぱりすると気持ちがよいという感覚は、小さいうちから身につけさせたいものである。おむつ交換や着替えをする際に「おしり、きれいにしようね」「汚れちゃったから、きれいなお洋服に取り替えようね」と声をかけてから行い、変えた後も「さっぱりしたね」と声をかけることで、清潔に対する意識をうながしていく。よだれの多い子には、口のまわりや顎の下を清潔にし、さっぱりと過ごせるようにする。皮膚がデリケートな乳児だからこそ大人のきめ細かな対応が必要となる。

②沐浴

　生後1か月頃までは、感染予防の視点から、ベビーバスで入浴する。乳児にとっての沐浴は汚れを落とすのはもちろんのこと、皮膚を刺激し、血液の循環をよくし、新陳代謝をうながす効果がある。

　健康な乳児は1日1回、家庭での沐浴をするが、暑い時期は、日中保育所などでも沐浴をする。その際は子どもの体調を保護者に確認し、しっかりと確かめてから行わなくてはならない。機嫌が悪い、熱がある、下痢、嘔吐（げり・おうと）、湿疹（しっしん）などがあるときは、控えるようにする。

❖ 沐浴の注意事項

・準備するものは、ベビーバス・湯温計・石鹸（せっけん）・ガーゼ・バスタオル・おむつ・着替え用の衣類・綿棒。
・授乳直後は吐きやすいため、1時間以上空けてから行う。
・冬は湯冷めしないよう部屋を暖めておく。あらかじめ着替え用の衣類・おむつをセットしておく。
・お湯の温度は37〜40度くらいまでのぬるめのお湯にする（ベビーバスはお湯が冷めやすいので、さし湯も用意しておく）。
・時間は10分くらいを目安にする。

図6　沐浴の手順

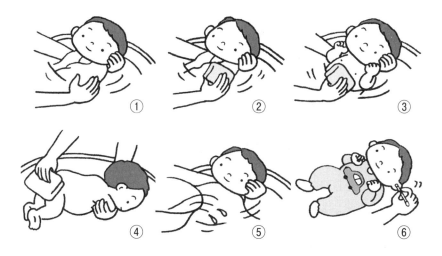

❖ 沐浴の手順

①服を脱がせて沐浴布をかけ（沐浴布を体にかけることで子どもは安心する）、足先からそっとお湯に入れる。耳の中にお湯が入らないよう、耳を指で押さえる。
②お湯でガーゼを絞って顔をふき、片手で石鹸を泡立て頭を洗う。濡らした

ガーゼで頭を拭く。
③胸・お腹を洗う。足首のくびれはしわを伸ばして洗う。お臍(へそ)はていねいに優しく。
④ゆっくりうつぶせにし、背中お尻（お尻はていねいに）を洗い、仰向けにして股を洗う。
⑤全身にきれいなお湯をかけ、バスタオルの上に寝かせて、体を押さえるようにして水気を拭き取る。
⑥おむつをし、服を着せ、綿棒で鼻や耳の入り口をきれいにする。

　沐浴は、乳児にとっては体もスッキリして気持ちのよいものである。また、沐浴後は水分補給や休息も必要である。沐浴ができないときは、首筋や耳の後ろ、顔、脇の下、お尻などをお湯でしぼったガーゼできれいに拭いてあげる。下痢などでおむつかぶれをしているときは、ぬるま湯で優しく洗い、しばらく乾かしてからおむつをする。

❹　1〜2歳児の生活

（1）離乳食から完了食・幼児食へ

　生後18か月を目安に離乳は完了し、幼児食へと移行する。しかし、2歳頃までは成人と同じような硬い食物を咀嚼することは難しく、調理法の配慮が必要である。味付けも薄味を心がけ、刺激の強いもの、辛いものは与えないようにする。徐々に自分で食べられるよう援助をしていく。牛乳は1歳を過ぎてから飲ませるようにする。牛乳の脂肪が消化しにくくアレルギー源になることもあるためである。1歳を過ぎると哺乳瓶を止め、コップ、ストローで飲むことができる。また、砂糖、青魚なども与えることができる。1日の食事は、朝・昼・夜の3食プラス間食となる。間食はおやつという楽しみでもあるが、まだ1回の食事の摂取量が少ないため、間食は栄養補助食という役割でもある。

1歳児は自分で食べようとする意欲が出てくる年齢だが、こぼす量も多く、ときには歩き回ったりすることもある。あまり叱りすぎると、食事に対しての意欲がなくなってしまうため、適切な助言が必要である。

　2歳頃になると、スプーンやフォークを上手に使い、茶碗を持って自分で食べられるようになる。しかし、食欲にむらがあったり、好き嫌いが出てきたりする年齢でもある。大人の手伝いを嫌がる子もいれば、反対に大人に食べさせてほしいと依存する子もいる。

　また、手指の巧緻性が発達する2歳半ば頃から箸に興味をもつようになる。箸を選ぶときは、子どもの手の幅の3倍くらいを目安にし、箸の先に滑り止めがついていると食べ物を取りやすい。最初はなかなか正しく持つことはできないが、遊びの中で、豆をつかんでみるなどの経験を重ねながら、一人一人箸の扱い方を知らせていく。しかし、箸は扱い方によっては危険が伴うため、振り回す、口にくわえたまま歩く、ほかの人の目に突き刺すなど、危険なことはしっかりと伝えなければならない。

図7　子ども用の箸

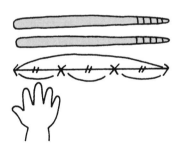

❖保育者の配慮

○**落ち着いた雰囲気で**：準備や食事の介助で慌しく動いていると、子どもたちも落ち着いて食べることができない。保育者は、配膳・雑用・子どもの介助と役割分担をし、

　　　　　　　　　　　　　　ゆったりとした雰囲気をつくっていく。
○**食欲・便・アレルギーに気をつける**：食欲は健康のバロメーターである。普段から子どもの食べる量、好みを把握しておき、アレルギーをもっている子どもの食事には確認を忘れずに行う。
○**こぼしても叱らない**：自分で食べようとする気持ちを尊重する。
○**嫌いなものは無理強いしない**：ほめたり、励ましたりしながら少しずついろいろな食材に慣れるようにしていく。しかし、嫌いなものは全部排除するのではなく、一口ずつでも出し続けることが大切である。調理法が変わったり、年齢が上がったりするにつれて、食べられる場合もある。
○**食事のマナーを知らせていく**：「いただきます」「ごちそうさま」は、保育者も一緒に必ず言うよう心がけ、習慣づけていく。
○**食事の楽しさを伝える**：子どもたちが食事の時間を楽しみに待てるような環境を整える。テーブルに花を飾ったり、天気のよい日は園庭で食べたりするなど、さまざまな工夫をする。みんなで食事をすることの楽しさを伝えることは、保育者の大切な役割である。
○**食べ物で遊ばないよう伝える**：ある程度お腹が満ち足りてくると、食べ物をにぎりつぶしたり、汁（スープ）などで指をぬらしたりして遊びだすこともある。「食べ物は大事なものだよ」と、子どもにくり返し伝えることが大切である。

食物アレルギーを引き起こすおそれのある食品

特定のアレルギー体質をもつ場合に、血圧低下、呼吸困難または意識障害などの重篤（じゅうとく）な健康被害を引き起こすおそれのあるもの。

◎重篤度・症例数の多いもの
　卵・乳・小麦・えび・かに・そば・落花生

◎一定の頻度で健康被害がみられているもの
　あわび・いか・いくら・オレンジ・キウイフルーツ・牛肉・くるみ・さけ・さば・大豆・鶏肉・バナナ・豚肉・まつたけ・もも・やまいも・りんご・ゼラチン・バナナ・ごま・カシューナッツ

消費者庁『アレルギー物質を含む加工食品の表示ハンドブック』平成26年度改訂

食事用テーブルと椅子の例

個食・孤食

　現代の子どもは偏食が増えている。飽食の時代だからこそ好きなものしか食べない（個食）。味覚は乳幼児に育つといわれている。小さいうちから、さまざまな味に慣れさせてあげたい。
　また核家族化の影響で、食事を一人だけでとる子どもが増えている（孤食）。食事は家族全員で会話をし、楽しい時間であるのが理想である。子どもの健全な育成のためにも、家庭の食生活を見直さなくてはならない。

❖ 食事の習慣のつまずき

○ うまく噛めない・飲み込めない：離乳期に軟らかいものばかり食べていると、噛むことが苦手な子どもになるといわれている。乳歯が生え始めたら、野菜スティックなど歯ごたえのあるものを与えるようにする。

○ 小　　食：食べる量には個人差があるが、食事の前の適度な運動や夜型の生活リズムを改善することによって、食事に意欲が出てくることもある。

○ 過　　食：いくら食べても満腹感を感じない子どもは、まわりの大人との有効な人間関係が取れていない場合も考えられる。とめどなく与えることは子どもの成長にも問題が生じるため、適度に切り上げることが必要である。

（2）睡眠

　1歳〜2歳頃には個人差はあるものの、睡眠時間は1日12〜13時間くらいになる。2歳頃までには早寝早起きの生活リズムはほぼ完成すると言われている。
　乳幼児は夜間の睡眠だけでは不足するため、0歳児は1〜2回の日中の眠

りが必要であり、1歳頃になるとまとまって午後1回の眠りになる。しかし、昼寝の回数は個人差が大きく、1歳に満たない子どもでもまとめて1回で足りる子もいれば、2歳を過ぎても午前、午後2回昼寝をする子もいる。昼・夜を合わせて1日の睡眠が十分であることが大切である。

❖ 睡眠の介助

　午睡（ごすい）が午後1回になった頃から、午睡の前にパジャマに着替えるようにする。これは、起きているときと、眠っているときの生活の切り換えであり、パジャマに着替えることで生活にメリハリをつけるためである。また、着替えの際に、体の異常に気づくこともある。

　子どもは、眠るときには安心できる大好きな大人にそばにいてほしいものである。すべての子どもが寝つきがいいわけではなく、一人一人に合った入眠の方法で気持ちよく眠りにつけるよう配慮をしなければならない。

　子どもは眠くなると、手足が熱くなる・機嫌が悪くなる・目がうつろになる・指しゃぶりを始める・保育者に抱っこを求めるなどのサインを出す。そのサインにすばやく気づくことが大切である。

　また眠るときの癖（くせ）を一人一人把握しておくことも必要である。月齢の小さいうちは抱っこやおんぶでないと眠れない子もいる。音に敏感な子は、物音がするたびに手足をびくつかせて、目覚めてしまうこともあるので、子どもが一番安定して眠れる姿勢を把握しておく。

　とくに保育所に慣れないうちは、緊張からか、なかなか寝つくことができない。抱っこして眠りについても、布団に下ろすとまた泣いて起きてしまうということもたびたびである。眠りが足りないと目覚めたあと機嫌よく過ごすことができないので、途中で目覚めたときは背中を軽くたたいたり、抱っこをしたりと再び眠れるようにしていく。園の生活や保育者に慣れてくると、安心して眠れるようになってくるものである。

　また、1歳を過ぎると、布団のうえで話したり、動き回ったりしながら眠くなると自分から布団に行く姿もみられるようになり、生活時間の揃う2歳頃にはほぼ一斉に布団に入れるようになる。「Aちゃんは頭をなでてあげる」「H君はお腹をトントンする」「T君は保育者の髪を触りながら指しゃぶりを

する」など眠るときの癖を把握し、個々に合った対応が気持ちのよい眠りを誘っていく。また、眠る前に本を読んで気持ちを落ち着かせたり、子守唄を歌ったり、静かな音楽をかけることも子どもがリラックスでき、眠りを誘う効果がある。

目覚めたときは、「おはよう」とやさしく言葉をかけて機嫌よく遊びに移れるようにする。

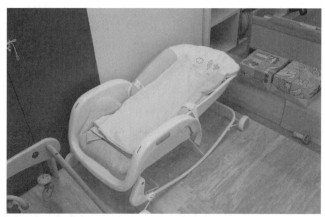
ベビーラックの例

（3）排泄

①排泄の自立

排泄の自立には個人差があり、主に神経系統の発達にともなっている。6か月頃までは、排泄は反射的であるが、徐々に膀胱（ぼうこう）の容量が大きくなり、無意識にためられるようになる。1歳半頃から膀胱が大きくなり、たまった感覚を覚えるようになり、排尿の調節もできるようになってくる。徐々に便を予告するようになり、2歳頃になると、排泄のリズムも整い、尿意や便意を感じて自分からトイレに行くようになる。括約筋＊が発達してくると、自分でオシッコやうんちを出すことができるようになる。

＊括約筋：収縮によって管状や環状の器官を閉じる作用をする筋肉。肛門・幽門・尿道などにあって内容物の排出を調節するもの。

トイレットトレーニングは「膀胱に2時間くらい尿をためることができるようになる」「自分で尿や便が出たことを知らせるようになる」などの様子が見られたら始める。この時期を見計らうことが大切であり、遅すぎてもタイミングを外してしまう。トイレットトレーニングをはじめる時期や進め方は個々によって違う。家庭と連携をとりながら無理なく進めていくことがスムーズな自立につながっていく。また、個々の排泄のサインを知っておくことはおまるやトイレにも誘いやすくなる。

　　❖排泄のサインの例

・ぴょんぴょん跳んだりしている。
・気持ち悪そうにじっとしている。
・隅っこや机の下などに隠れている。
・真っ赤な顔をして気ばっている。

　さまざまなサインをキャッチしながら、徐々にトイレットトレーニングへと誘っていく。

　②トイレットトレーニング
　おむつが濡れていなかったり、排泄のサインをキャッチしたらおまるまたはトイレに誘う。

○**食後20〜30分や午睡の後は成功しやすい**：生活の切り換えや、食事、午睡の後はまめに誘うようにする。
○**成功したら見せてほめる**：「いっぱいでたね」「すごいね」と大人も一緒に喜び、目で見て実感することが、子どもの自信につながる。
○**事後報告でもほめる**：「教えてくれてえらいね」と事後報告でもほめることが大切である。
○**失敗しても絶対に怒らない**：怒られると、トイレに対しての恐怖心が芽生え、子どもの心を萎縮させてしまう。

第4章　乳児保育の内容と方法

○子どもは失敗しながら学んでいく：失敗したときは「気持ち悪かったね」「さっぱりしようね」「今度はトイレでしようね」と明るく声をかけるようにする。

○日中と眠っているときは違う：日中成功しても、眠っているときに成功するとは限らない。反対に眠っているときは失敗しないのに、起きているときはなかなか成功しない場合もある。

○無理には誘わない：子どもがどうしてもおまるやトイレに行きたがらない場合は無理強いせずに機嫌のよいときに様子をみて誘う。

○トイレに行きたがる工夫をする：子どもの好きなかわいい絵を飾ったり、「トイレに行けたら１つシールを貼ろうね」など、子どもがトイレに行きたがる工夫をする。

　失敗の回数が減ってきたら徐々にパンツに切り替える。その場合、保育所ではパンツ、家庭ではおむつのままでは子どもも戸惑ってしまい、いつまでも自立することができない。パンツに切り替えるときも家庭と一緒に始めることが基本である。

　また、排泄の自立ができても、子どもは失敗を繰り返す。冬になると排泄の感覚が短くなり間に合わないこともある。また、自分でトイレに行くようになると、今度はがまんするようにもなってくる。とくに遊びに夢中になっているともじもじしながらも「でない!」と言いはる姿がみられる。そのようなときは「おしっこしてから遊ぼうね」と話して聞かせることが大切だが、それでもトイレに行きたがらず、結局ぎりぎりになってからトイレに行き、便器の目の前でもらしてしまうこともたびたびみられる。このように失敗と成功を繰り返しながら自立していくのである。

　あせらずに、個々の成長を見守り、ゆっくりと進めていくことが保育者には望まれる。排泄の自立は子どもに

図8　おまるに座る様子

とってもうれしいことであり、大人に認められることで確実になっていく。大人も一緒にその成長を喜んでいきたい。

　排泄の始末は、最初は大人が拭いてあげ、徐々に自分でできるように紙の使い方や拭き方を教えていく。パンツを下げてする。汚さないでするなど繰り返していねいに知らせていく。排便の始末が自分でできるようになるのは4歳頃になってからである。

point!
・・・保育のポイント

　　排便のリズムを整えるには
　　生活のリズムを一定に保つようにすると、自然と排便のリズムも整ってくる。早寝早起き、3食きちんと食べる、適度に運動することが排泄のリズムを整えるのである。

（4）着脱衣

　1～2歳児になると、少しずつ自分で着脱ができるようになってくる。ゴムのズボンや前後がわかりやすいよう絵やマークのあるもので、子どもの意欲が高まるようなものが望ましい。最初はかぶりもので、子どもの成長発達に合わせてボタンやホックなどのついているものを用意するとよい。

①着脱衣の自立

　保育者は汚れた衣服を取り替えるときに、「汚れちゃったからきれいな服に取り替えようね」「さっぱりしたね」と声をかけながら行うことで、子どもに清潔感を教えていく。子どもの自主性を尊重し、あせらず、子どもの個性や成長にしたがって教えていくことが大切である。また、家庭との連携が必要なため、保護者に伝えて、着脱しやすい衣服や靴を用意してもらい、家庭でも行ってもらえるよう理解をうながす。

　1歳頃になると、自分で手を入れようとしたり足を出したりするようになる。「頭出るかな。バー！　○○ちゃんのかわいいお顔が出てきた」「お手手

トンネルさん通れるかな」など、ユーモアを交えて保育者との触れ合いを楽しみながら一緒に着脱を経験していく。ボタンやスナップ、チャックなどの操作ができる玩具を用意し、遊びの中でも楽しめるような工夫をする。

　2歳頃になると、手指の機能も巧みになり、少しずつ自分で着脱ができるようになってくる。最初のうちは前後が反対であったり、ズボンの片方の足に両足を入れてはこうとしたりすることもあるが、自分でやりたいという意欲は尊重してあげたい。この時期は自我が強く、一人では十分できないのに「ジブンデ、ジブンデ」を繰り返し、大人の手伝いを嫌がることも多くみられる。着脱を見守るには根気もいるが、保育者はあせらず、ゆったりとした気持ちで接し、見守ることが子どものやる気を引き出していく。「もう少しだよ。がんばって」と応援し、一部分でもできたら「自分でできるなんてすごいね」とほめることで、子どもの心は満足するのである。2歳児は気持ちにむらがあり、自分でやりたがるときと大人を頼るときがある。大人を頼る子には「先生と一緒にやろうね」と声をかけ、ときには歌を歌って「この歌が終わるまでにはけるかな」など楽しみながら着脱の自立をうながしていく。

　❖ 着脱衣の例

○ パンツをはく：座ってはくときは段差があるとはきやすい。きちんと両足が出たら、立ってひっぱる。立ってはくときは壁などに寄りかかるとはきやすい。暑い時期は汗をかいているため、パンツがねじれてうまくはけないこともある。子どもには両手で横をもってあげさせ、保育者はさりげなく後ろをもちあげる。

○ ボ　タ　ン：掛け違いにならないよう一番上は保育者が掛ける。最初は保育者がボタンホールから半分だけ出し、子どもが引っ張る。子どもが一人でかけるときは、①右手の人差し指と親指でボタンをつまむ。②左手の親指と人差し指でボタン穴のところを持ち、右手の親指でボタン穴に入れる。③左手でつまんでボタン穴をくぐらせる。

○ 靴　　　下：保育者が靴下を縮め、子どもの足の先にいれ、子どもに引っ

張らせる。

❖ 靴の例

○**靴（上靴）**：歩き始めの時期はとくに子どもが動きやすく転びにくいものを選ぶよう保護者にアドバイスしたい。また靴の後ろの輪にヒモをつけるなど、靴を引き上げやすいよう工夫したい。

図9　ズボンをはく

（5）清潔

①清潔に対する習慣づけ

　子ども自身が、おしっこで濡れたズボンを下ろそうとしたり、汚れた服を脱ごうとしたりする姿がみられるようになったら、快・不快の感覚や意識が身についてきた証である。

　また、清潔の習慣は大人を手本とし、子どもはその姿をまねして覚えていく。大人が手をかけ、言葉をかけて教えていかないと身につかない。清潔に関しては、一般的には6歳頃に自立するといわれているため、3歳未満はそ

の土台となる時期である。あせらずに、個々のペースに合わせてできることから始めていく。

②手洗い

手は一日の生活の中で、何度も洗う場所である。正しい洗い方を身につけ、習慣づけることは健康を維持するためにも大切なことである。

❖ **手洗いの方法**

① うでまくりをする（最初は大人がやってあげる）。
② 蛇口をひねる（最近では自動で水が出てくる蛇口もあるが、2歳頃には手や指の筋力も発達するため、蛇口をひねることを教える。その際、蛇口をひねるときは、水を出し過ぎないように気をつける）。
③ 手を水でぬらしたら石鹸をつけ、手の甲、指の間、腕、爪などをよく洗い、水で石鹸と汚れを流す。
④ 手を振って手指の水切りをする（手をグーパーと広げて水切りをすると、まわりの人にかかってしまうことを教える）。
⑤ タオルでよく拭く。

食事の前、トイレの後、外遊びの後など「手が汚れたから洗おうね」「バイ菌がついたら洗おうね」と声をかけながら教えていく。子どもは水を触るのが大好きである。暑いときは手洗いが水遊びに発展してしまうこともあるが、手洗いは遊びではない。「今は手を洗うときだから、水遊びはしないよ」と声かけをし、遊びと生活のけじめをつけるようにする。

③口をすすぐ・うがい

乳歯が生えない頃はミルクを飲んだ後は、番茶や白湯を少し与える。また、乳歯が生えてきたら、ミルクや離乳食の後は、お茶や白湯（さゆ）を与え、清潔なガーゼで歯茎（はぐき）を拭くようにし、虫歯など菌の繁殖を防ぐ。

2歳頃から、うがいの方法を知らせていく。食後やおやつの後に「ぶくぶくうがい」をすることは、口腔（こうくう）衛生に効果がある。「がらがらうがい」は風

邪などの予防につながる。戸外から戻ってきたときに「がらがらーぺっしようね」と大人が見本を見せて行う。最初のうちは口からこぼれたり、飲み込んでしまったりということもあるが、毎日の繰り返しの中で徐々にできるようになっていく。うがいをするときになぜうがいをするのか、「お口の中のバイ菌バイバイしようね」と子どもに理解のできる言葉をかけながら、日々の保育の中で習慣づけていく。

④歯を磨く

乳歯が8本生えてきたら、歯ブラシで歯を磨くようにする。歯の模型を使って磨き方を教える、歯磨きについて描かれている絵本などを見せることも効果的である。しかし、この年齢は自分では上手に磨くことができないため、歯ブラシを嫌がらずに使うことを目的とし、仕上げは必ず保育者が行う。

子どもが歯磨きする様子

仕上げ磨き

保護者の意識

　転園してきたM子は9か月の女児である。M子の衣服は常に汚れた状態であり、頭皮は茶色く、体も皮膚が所々変色していて清潔面での問題がみられた。女児は5人きょうだいの末っ子であり、上はすべて男児である。看護師と相談したところ、育児放棄（ネグレクト）の疑いがあるため、しばらく観察をすることとなった。

　しかし、母親がお迎えに来るととてもうれしそうな表情をし、母親にも穏やかな対応がみられるため、育児放棄ではないという判断に至った。保育所に慣れてきた頃、看護師も加わり、母親に清潔面についての話し合いがもたれた。その結果、子どもの清潔に対して母親の意識が低く、体や衣類が汚れていても気にならないということがわかった。子どもにとって清潔にすることは病気の予防にもつながること、子どもに清潔に関して教えるためには、大人が見本となる行動を示すことが大切であることを少しずつ伝えていくと、母親の対応に改善がみられるようになった。

⑤鼻のかみかた

　大人にとっては鼻をかむことは簡単なことのように思えても、子どもは自分の意思で鼻を出すことはなかなか難しいものである。保育者が片方の鼻を押さえ「フンてできるかな」と言葉をかけて教えていく。うまくできないうちは、くしゃみをしたときに一度に出たり流れっぱなしだったりということもある。しかし、風邪のときの鼻汁はウイルスを伴っていることも多く、やさしく押さえるようにして拭くようにし、ただれてしまったときは、ガーゼを濡らして拭く。鼻が出ているとボーっとし、息ができずに気持ちよく眠れない。子どもの不快な状態はできるだけ取り除いてあげたい。また、両方いっぺんにかむと中耳炎になってしまうこともあるため、必ず片方ずつかむことを教えていく。

⑥保護者との協力

　清潔に関しての意識や感覚は乳幼児期から育てていきたい。そのためには家庭での生活を基本として保育所でも援助していく。しかし、仕事と育児との両立で日々忙しい保護者。ときには子どもの爪が伸びていたり、髪がぼさぼさのまま登園したりすることもみられる。お知らせなどで定期的に呼びかけ、清潔への意識を高めていくことも必要である。

5　3歳未満児の遊びとは

　子どもにとっての遊びは、まわりにいる大人との触れ合いを通して、自己を発揮し、心身の満足感や情緒が安定するものである。またさまざまな遊びを通して知的能力、身体、社会性などが発達していく。一人一人が十分に遊びを楽しめるよう、保育者自身が発想豊かで、子どもと一緒に心から遊びを楽しむことが大切である。さらに一人一人の心身の状態を把握し、発達過程に適した遊具を提供し、環境を工夫しなければならない。

　遊びの発達段階としては、最初は大人があやし、大人と一緒に遊ぶことから始まり、徐々に一人遊び、並行（平行）遊び＊、連合遊び＊へと発展していく。2歳頃になると友だちと一緒に遊ぶ姿もみられるようになるが、3歳未満児の遊びは一人遊びが中心である。この一人遊びが十分満足したものであることが連合遊びへと発展していく。

　3歳未満児の遊びに関しては、乳児期まで（歩行ができるまで）とそれ以降に分けてとりあげていく。この時期の子どもが最も喜ぶ遊びが感覚と運動の遊びである。目で見て、耳で聞いて物の感触を楽しみ口に入れて遊ぶ。全身を使う遊びは、腰や背中を強くし、しっかりと歩くためにも有効である。

　また、1歳前後で五感をつかさどる神経回路の主なものはほぼ完成するといわれている。そのためにもいろいろな感覚を豊かに養っていきたい。大人との触れ合いの遊びを中心として、さまざまな感覚・運動機能が発達する遊

＊並行（平行）遊び：同じ場所でそれぞれが別の遊びをしている状態。しかし、同じ空間で遊んでいることを心地よいと感じている。
＊連合遊び：気の合う2～3人がおままごとをしたり、ブロックで友だちと一緒に大きな建物などを作って遊んだりと、共通の遊びを楽しむようになる。

びを日常の保育の中で取り入れていきたい。
　次の6、7に、乳児期と1〜2歳児の遊びについて詳しく述べる。

6　乳児期の遊び

（1）首がすわらない頃

　首がすわるまでの3〜4か月頃までは、大人があやすことが主な遊びである。目覚めて機嫌のいいときに子どもの目を見てあやしたり、抱いたり、音の出る玩具を鳴らしたりして十分に相手をしていく。少しずつ目覚めている時間が長くなってくるので、見る、聞く事ができやすいよう、吊り玩具を吊るす、音楽や歌を聞かせる、玩具であやし、感覚の発達を促していくのである。

　一人で見たり聞いたり手足を動かして機嫌よく過ごしているときは見守り、様子を見ながら大人が関わっていくようにする。2か月を過ぎると、子どもの名前を呼び、体に触れてあやすと、声を出して笑うようになるため、「楽しいね」「きれいな音ね」と子どもの心に共感して応答的なかかわりをもつことが、子どもの情緒を安定させる。

❖遊びの例

・後頭部（首）とお尻を支え、目を見つめてやさしく歌う。
・保育者と子どものほほをすりあわせる。
・手や足を曲げたり伸ばしたりする（無理に引っ張ると脱臼してしまうこともあるため、やさしく曲げる）。

（2）首が座ったら

　3〜5か月頃は、視覚・聴覚等の感覚器官の発達がめざましい時期である。首がしっかりしてきたら、立てて抱き、膝に乗せてスキンシップができるようになる。自分の手をじっと見つめ、握りやすい玩具を持たせると、自分で

玩具の例

　持つことができるようになってくる。吊り玩具や、握り玩具などを子どもの近くに用意し、見る、握る、なめるなどの遊びが十分にできるような環境を用意する。見たり、聞いたり、触ったりすることは、視覚、聴覚、皮膚感覚を刺激し、知的発達を促進する。身のまわりにある生活の音や日用品に触れさせることも視覚と聴覚の発達を促す。安全な範囲で、部屋の中にあるさまざまな音に触れさせていく。

　寝返りができるようになると、腹ばいの姿勢で遊ぶことが可能になるため、視覚的にとらえられる範囲が広がり、遠くのものをじっと見るようになる。自分から物に手をのばして遊ぶようにもなり、何でも口に入れるため、保育者は、玩具の素材、形、色、大きさなど安全面・衛生面に十分留意しなければならない。発達に即した環境を整えることで、物に対しての積極的な関心が育つようにし、手の働きが活発になるようにしていく。また、さまざまな種類の素材に触れさせることで脳の働きを促進するのである。

❖遊びの例

・子どもの手と手、かかととかかとを保育者の手でやさしく包み込み、すり合わせる。
・保育者の膝の上で、手を広げたり、体をゆらゆらと揺らしたりして遊ぶ。
・腹ばいの状態のときに、ボールを置いてみたり、保育者が「ばー」と顔を覗かせたりする。

図10　首のすわった頃の遊び

（3）お座りの頃

　お座りの安定とともに目と手の協応動作も巧みになり、運動機能が発達していくにつれて遊びの幅も広がっていく。
　音の鳴る物やきれいな色の玩具、いろいろな感触のおもちゃなど保育者自身が振って見せ、興味がもてるようにしていく。遊びの相手をするときは見守ったり、一緒に遊んだり、体に触れて遊ぶなど子どもの表情を見ながら適切な関わりをもつ。一人で遊んでいるときには温かく見守り、自己活動が楽しめるようにする。反対に「アーアー」と声を出して保育者を呼ぶときは、

満足するまで相手になる。

　お座りの頃はつかみやすい玩具を用意し、握る、離すの繰り返しを十分経験させてあげたい。手の平全体で物を握るようになると、床に打ち付けて音を出して楽しむこともあり、玩具の破損などがないかまめに点検をしなければならない。

❖遊びの例

・腋(わき)を軽く支え、膝の上に立たせて「ジャンプジャンプ」と言いながら、リズミカルに上下にジャンプをし、左右に揺らして遊ぶ。
・保育者が椅子に座り、脚を前に伸ばす。腋を支えて、膝の上から下におろして遊ぶ。
・音のでるボールを保育者と向かい合って転がして遊ぶ。

図11　お座りの頃の遊び

（4）ハイハイの頃

　ハイハイは、手足の筋力、背筋、腹筋も鍛える。ハイハイの時期には足の踏ん張りを支えたり、前方に玩具を移動させたりして、子どもの運動を誘う

ような働きかけをする。ハイハイが楽しくできるよう動く玩具や、ボールを転がして追いかけるなどの遊びを経験させたい。この時期、気に入った玩具を子どもの体の横に置くと、お腹を軸にして手で円を描くように回るようになる。十分に動けるようにスペースを用意し、ハイハイをするところに高低の変化をつけたり、狭いところを通ったりと楽しんで活動できるように工夫する。また、引き出しを開けたり出したりすることを喜ぶので、興味のある玩具を入れたり、生活用品などを入れておくと何度も繰り返し入れたり出したりして遊ぶ。

❖ 遊びの例

・トンネルの中を、くぐって遊ぶ。保育者は出口の方から声をかける。なかに入りたがらない場合は保育者も一緒にトンネルをくぐって遊ぶ。
・子どもを座布団やマットの上に腹ばいにのせて座布団やマットをやさしく動かす。自然に床に手をつかせる遊びは、転んだときにとっさに手が出るための練習になる。
・目の前で紙を少し破いて紙を渡すと、その切れ目から少しだけ破いて遊ぶ。

ファニートンネル

(5) つかまり立ち・つたい歩きの頃

　つかまり立ち、つたい歩きができるようになると、台の上から玩具を落として遊んだり、台の上に登ろうとしたりする姿もみられるようになる。拾って渡すと何度も繰り返し落とし、保育者が「あーあ」と言うと子ども自身も保育者の顔を見ながら「あーあ」とまねをすることもある。床が滑らないよう気をつけながら、安全な柵やテーブルなどを用意し、積極的につかまり立ち・つたい歩きができるようにしておく。椅子などを押して歩く姿もみられるため、手押し車（あまりスピードの出ないもの）などを用意する。

　天気のよい日は外に出て、芝生の感触を楽しんだり、砂場でバケツやスコップなどを使ったりして、砂遊びの楽しさを体験する。しかし、何でも口に入れる時期なので、砂や石などを詰まらせて口に入れないよう戸外での遊びには十分注意が必要である。

　指先の機能も巧みになってくるので、はがす・めくるなどの遊びに適したものを工夫してつくるようにする。指先の運動は、大脳の働きを促す、第二の脳ともいわれている。

紐をひっぱりながら遊ぶ芋虫

❖ 遊びの例

- リズミカルな音楽をかけ、体を揺らしたり、手をたたいたりしてリズムをとって楽しむ（子どもがよろこびすぎて、まわりと摩擦がおきないように配慮したい）。
- 保育者と手をつなぎ、「イチニ、イチニ」の掛け声とともに膝を屈伸して遊ぶ。
- 保育者の足の甲に子どもを立たせて両手を持ち、子どもの体を支えて前後左右に歩く。・ダンボールに穴を開けて、そこから顔を出したり玩具を入れたりして遊ぶ。

第4章　乳児保育の内容と方法

図12　つかまり立ち・つたい歩きの頃の遊び

7　1〜2歳児の遊び

（1）いろいろな遊び

　歩けるようになり、運動機能、指先の機能も発達するにしたがって、さまざまな遊びを楽しめるようになる。子どもの好奇心が満たされ、十分に体を動かす運動遊び。見たり、聞いたり、考えたりと言葉の獲得や知的にも発達するような遊びを幅広く取り入れることが望まれる。

❖体を動かす

　体を動かす遊びには、戸外遊び、ボール、跳び箱やマット運動、遊戯(ゆうぎ)、追いかけっこなどがあげられる。
　ボール遊びは、中に鈴が入っていて音の楽しめるものや、タオル地、ゴムなど素材を変え、さまざまな大きさの物を用意する。ボールの感触を楽しみ投げることにより、手や腕の筋力が発達していく。お手玉は弾まないので受け取りやすく成功感が味わえるので有効である。

跳び箱やマットは、安全には十分配慮をし、跳び箱を一段から二段重ねたものに、両側にマットを敷き、よじ登ったり飛び降りたりして楽しむ。マットを2〜3枚つなげて並べ、その上をごろごろと転がるのも全身運動である。
　また、子どもは遊戯が大好きである。音が鳴り出すとリズムをとったり保育者の姿を見ながらまねをしたりしてそれぞれが踊りを楽しむ姿がみられる。1〜2歳になると繰り返し踊るものは、簡単なふりを覚えて手を広げたり、ジャンプをしたりと、さまざまな動きをとることができる。

事例

「よーいどん　ストップ」

　2歳児は走ることが大好きな年齢である。そんなとき、戸外や室内でも遊べるものに、走ったり止まったりを繰り返す「よーいどん　ストップ遊び」がある。まだ難しいルールは理解できない年齢だが、保育者が「よーいどん」と言って走り出し、「ストップ」の掛け声で止まる。「先生のまねして一緒にやってみよう」と声かけをすると、子どもたちは喜んでまねをする。繰り返し遊ぶうちに、次第に子どもたち自身が「よーいどん」「ストップ」と言いながら自分たちだけで遊ぶようになる。

❖ 日常生活の模倣

　日常生活の模倣には、ままごと遊び、動物ごっこ、乗り物ごっこ、お店やさんごっこなどがあげられる。
　ままごとに代表されるごっこ遊びでは、1歳頃になると、子どもは空のコップをもって「ごくごく」と飲むまねをしたり、食べ物を食べるまねしたりする。この食べるまねは"ふり遊び"といい、子どものふり遊びに保育者も「おいしいね」「おかわりください」などと言い遊びのイメージを受け止めることで、次の遊びへと発展していく。
　さらに2歳頃になると、積み木を車などほかの物に見立てる"見立て遊び"

という遊びがみられるようになる。何かに見立てることが得意になると、周囲にある物がより楽しく見えてくる。やがて、動物やキャラクターなどに成りきる"成りきり遊び"もみられるようになる。「○○君おはよう」と保育者が言うと「違うよ、僕は○○レンジャーだよ」と朝一番からそのキャラクターに成りきっている子もいる。自分なりに工夫して、遊びにもストーリーが出てくる。まわりにいる大人がコミュニケーションをとる過程で、どう関わるかによって、遊びは変化していくのである。

事例

おいしいね！

H君は1歳6か月の男の子。しかし、まだ言葉が出ていない。大人の話している言葉は理解しているようなので、保育者はなるべくゆっくりと繰り返し言葉かけをするようにしていた。

H君はおままごとが大好きでいつも食べ物をおいしそうに食べるまねをしている。それを見て保育者が「H君おいしいね。」と言葉をかけていた。ある日、H君はいつものように食べるまねをしていたのだが、その際に「おいし、おいし」と繰り返し話していた。初めての言葉が「おいし」という言葉であったことを保護者に話すと「H君らしい」と大笑いをして喜んでくれた。その言葉をきっかけにH君は語彙が増えていったのである。

❖ 感情移入

感情を移入して遊ぶものとしては、ぬいぐるみや人形、ミニカーなどがあげられる。ぬいぐるみや人形をおんぶしたり、布団をかけて寝かせたり、ご飯を食べさせるまねをしたりと、いつも自分がまわりの大人にされていることと同じことをして楽しむ。人形などの世話をすることでやさしさが芽生え、情緒も豊かになる。

ミニカーは、自分が運転しているかのように、頭を下げ車と同じ視線の高さになって「ブーン、ブッブー」と言いながら走らせて遊ぶ。また、たくさ

んの車を並べて縦列駐車をしたり、積み木などを踏み切りに見立て走らせて楽しむ。

創造

創造の遊びとしては、積み木やブロックがあげられる。

1歳を過ぎた頃から、2つの積み木を重ねることができ、1歳半頃には4つの積み木を重ねることができるようになる。

ブロックは、2つを合わせてカチカチと鳴らして遊ぶことから始まる。手指の動きが巧みになる1歳3か月頃からブロックを結合することができるようになり、2歳を過ぎると、つくったものに命名し、線路や乗り物などに見立てて遊ぶようになる。

造形

造形遊びとしては、クレヨンやハサミ、のりを使って遊ぶものがあげられる。

クレヨンは、手指の筋力が弱いうちは、細い弱々しいタッチではあるが、徐々に筋力がついてくると、力強いタッチになり、大きな紙に線や点などの、なぐり書きができるようになる。色や形に関心が出てくるので、色を選ばせたり、遊びの中で見たり触れたり感じたりする機会を多くする。

ハサミは、2歳頃から使えるようになる。使い方によっては危険をともなうものなので、ハサミを使うときは保育者の目が行き届くよう少人数で行い、正しい使い方について紙以外を切らない、人に向けない、持ち歩かないことなどをしっかりと伝えなければならない。最初は細長く切った紙を切ることから始め、徐々にハサミに慣れさせていく。

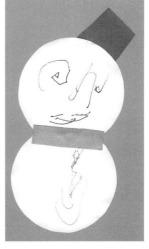

ハサミとのりを使って製作した雪だるま

❖ 指先を使う

　指先を使う遊びとしては、造形などのほかに、シール貼り、ボタン通し、型はめ玩具などがあげられる。指先が発達する時期なので、玩具を通して指先の操作を伴う遊びを工夫する。

　シールのはがし方としては、はがしたいシールを親指と人差し指でギュッと強くはさみ、そのまま親指と人差し指に力をいれた状態でゆっくりずらすのだが、最初はなかなか上手にはがすことができない。保育者が端を少しだけはがしたり、シールのまわりだけはがして子どもに渡すとはがしやすくなる。

　ひも通し玩具や型はめ玩具では、繰り返し遊ぶことで、指先の機能が発達し、集中力を養っていく。丸や三角、四角など簡単な形から徐々にわかるようになり、2歳後半になると、さらに複雑な形、星や楕円、十字など、さまざまな形の型がわかるようになる。上手く入らないとイライラしてかんしゃくを起こしたりすることもあるが、夢中になっているときは、手出しや口出しをせずそっと見守り、本当に困ったときに手助けをする。徐々に、形や色の違いにも気付き、物を比較することができるようになる。

型はめ玩具

❖ 音を楽しむ

　保育の中に歌や楽器遊びなど、音楽を取り入れることは子どもの感性を豊かにする。子どもが眠るときには子守唄や静かな音楽を鳴らしたり、おむつ交換のときにじっとしているのが苦手な子に対して歌ったり、食事の前や気分転換のときの手遊びなど保育には欠かせないものである。

　また、さまざまな音を楽しむものとして、楽器遊びがあげられる。1～2歳児がリズムに合わせて鳴らすことは難しいが、タンバリン・カスタネット・鈴など、さまざまな楽器に触れ、どのような音が鳴るのかを楽しむのもよい経験となる。

❖ 言葉の習得

　1～2歳はさまざまな言葉を習得する時期である。言葉を習得する遊びとして絵本や紙芝居、絵カードなどがあげられる。

　子どもは絵本＊が大好きであり、絵本を見ながらその内容や言葉を覚えていく。大人が絵本を繰り返し読んで聞かせる行為によって、大人とのスキンシップが深まり、子どもの語彙が増していく。絵本を読んでもらうことを通して充実感や満足感が高まり、創造力を豊かにする。絵本を読むときは、できれば一対一で保育者の膝の上で、ゆったりとした絵本の時間をもってあげたい。

　「赤ちゃん絵本」も多く出版されている。また、乳児が集団で共有するため、絵本は衛生面での配慮が大切になる。表紙やページの材質を確かめ（コーティングされているものもある）、汚れたらまめに拭き、日光消毒できるものが望ましい。また、ページが開きやすく閉じないように製本されたものもある。

＊乳児向けの絵本を学ぶための参考文献
　福岡貞子・礒沢淳子編著『保育者と学生・親のための乳児の絵本・保育課題絵本ガイド』ミネルヴァ書房、2009

同じ絵本を読んでほしいという子どもの気持ち

　気に入った絵本があると、何度も読んでと持ってくる子どもがいる。それは理由があってのことである。はじめて読む本は「どんな内容だろう」とドキドキしながら見ている。何度か繰り返し聞くうちに、言葉の流れを体に刻み込んで、気に入ったところを自分自身で再生できるようになる。

　さらに繰り返し聞いていると、ストーリーを覚えて、保育者が読む前に内容を言うようになる。子どもは一つの絵本で何通りもの楽しみ方をする。そして親や保育者に何度も同じ絵本を持ってくるのは「大好きな人に、大好きな人の声で、大好きな絵本の中の物や人に会いたいから」なのである。

　だからこそ、子どもが同じ絵本を持ってきたら、「ほかの本にしたら」という心無い言葉は子どもの心を傷つけてしまうことを忘れないでおきたい。

❖ 素話

　「素話（すばなし）」とは、大人が子どもに何も見ない状態で、童話・民話・昔話などのさまざまな「お話し」をすることである。大人側から考えると、何も見ないでお話しをするということは、自分の中に話の内容をすべて取り込まなくてはならないので、負担に感じる人も多いのではないだろうか。しかし、子どもの目や表情を見ながら語り、話しかけることで、子どもたちは話の中にどんどん引き込まれていき、子どもの反応が手に取るようにわかる。保育者としてぜひ実践しておきたい。また、子どもたちにとっても心の中に残っていくものであるということを覚えておきたい。

❖ 手づくり玩具

　忙しい保育の中で、手づくりの玩具を製作することは保育者にとっては負担に感じるかもしれない。しかし、保育者が玩具を製作し、実際に子どもに遊ばせることによって、自分のつくった玩具で、子どもたちが楽しそうに遊んでいるか、発達に即していたかなどを知ることは保育者の保育技術の向上のためにも必要である。手づくり玩具は廃物利用もできる。ままごとに使う小道具やおんぶ紐・エプロン、ダンボールで乗り物や家、牛乳パックで車・机や椅子、広告で飛行機や紙風船など身近にある素材で、手軽につくれる手づくり玩具に、ぜひ挑戦してみてはどうだろうか。子どもが見ている前でつくるのも、玩具を大事にしてくれることにつながる。

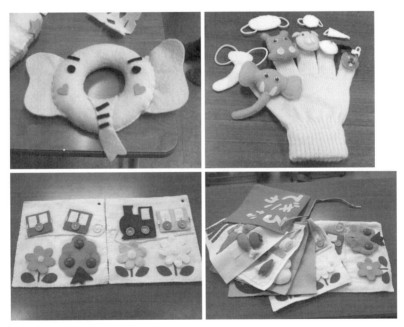

手づくり玩具

第4章　乳児保育の内容と方法

❖ パネルシアター

　パネルシアターとは、布を巻いた板(パネルボード)に専用の不織布でつくった絵を貼り、お話や歌に合わせて、絵を貼ったり外したりして展開する。

　パネルボードのつくり方は、100×60cmくらいのダンボールまたは発泡スチロール、ベニヤ板などにパネルシアター用ネル布をぐるりと巻いて裏側を押しピンやガムテープでとめる。

　絵人形は、Pペーパーという専用の布に、鉛筆で絵を書いた後、油性のカラーマジックやアクリル絵の具などで色を塗り、最後に黒のマジックで輪郭やまわりを太くなぞり、ハサミで切る。

　パネルシアターを作成した際のあまった布で、食べ物(くだものやケーキ)、乗り物などをつくっておくと、パネルボード上でそれらを使用して言葉(名称)を覚えるミニゲームなどの遊びにも利用できる。

パネルシアター

❖ わらべ歌 ♪♪♪♪♩♫♬

　わらべ歌は古くから日本に伝わるもので、人から人へと歌い継がれてきたものである。古い歴史の中で、歌詞が変化している場合もあるが、手遊び歌も多く、音程が単純なため、子どもたちにはとても歌いやすいものである。保育の中でぜひ取り入れていきたい。「一本橋」「おせんべやけたかな」など、昔から伝承される歌遊びは触れ合いながら一緒に遊べるものが多い。

例：ずいずいずっころばし・糸巻き・トントントンひげじいさん・お寺の和尚さんなど

(2) 遊びについての保育者の配慮

遊びは子どもにとってはかけがえのないものである。遊びがより充実したものとなるよう、保育者はどのような配慮や援助が必要なのだろうか。

❖ 遊びに偏りのないよう

保育の中では体を動かす遊び、指先を使った遊び、感覚をつかさどる遊びなど、バランスよく遊びの環境を整えなくてはならない。動きのある遊びばかりをしていると、子どもは常に興奮した状態にある。反対に静かな遊びばかりをしていると、子どもの好奇心や体力を発散することができない。保育の中では動と静の遊びをバランスよく組み込んでいくことが必要である。また、生活に合わせて朝は音楽をかけて体を動かし、一日の保育を気持ちよくスタートする。食事や午睡の前には手遊びや絵本を読み、心を穏やかに落ち着かせるなどの配慮も大切である。

❖ 遊びの中で子どもの様子をみる

遊びの中で、子どもの様子をみるとは、子どもが遊べているのか、遊べていないのかを判断することでもある。子どもが遊ぼうとしないとき、たとえば、ボーッとしていて頻繁にあくびをするなどの様子がみられたときは体調が悪い可能性がある。また、その遊びにまったく興味を示さないときは、その遊びが発達に即していないのかもしれない。遊んでいるのか、楽しんでいるのかを常に心がけて保育をする。

また、じっとしているのは一見遊んでいないようにも受け取ってしまいがちだが、表情をよくみると、友だちが遊んでいる姿を見て、楽しそうにしていることもある。これは友だちの遊びを傍観することで、自分も遊んでいるかのような気分になっている、その子にとっては立派な遊びなのである。子どもによっては窓の外をボーッと見ているようでも、実際は外にいる蝶や花

を見て楽しんでいることもある。大切なのは保育者が子どもの表情を読み取り、判断することである。

また、玩具の取り合いが見られるようなときはできるだけ人数分用意し、いつも取られてばかりの子どもが萎縮しないように配慮をする。

❖ 保育者と体を使って遊ぶ

保育者が体を使って遊ぶことは子どもとの大切なスキンシップである。抱き上げたり、おんぶをしたり、膝の上に乗せて飛行機遊びなど一対一での触れ合いの時間を大切にしたい。遊戯や追いかけっこ、鬼ごっこなど保育者も率先して一緒に動くことが、子どもたちの遊びをより楽しいものとしていく。

❖ 異年齢との遊び

現代は核家族化が進み、きょうだいの数も減っている。だからこそ集団ならではの異年齢のつながりを大切にしたい。一緒に遊んだり生活をする中で、年齢の高い子は小さな子をいたわるやさしい心が自然と育ち、小さな子はお兄さんお姉さんの遊ぶ姿を見てまねをしたりと、遊びの中で社会性が育っていくのである。

❖ 言葉で子どもの興味をひきつける

言葉で子どもの興味をひきつけることは経験の浅い保育者にとっては難しいことかもしれない。大切なのは、その年齢に理解できる言葉遣いを心がけ、ゆっくりと、表情や身振り、手振りも加えながら子どもに伝えていくことである。多少声の大きさを変え、抑揚をつけて話すこと、子どもの名前を呼ぶ回数を増やすことなども効果的である。

❖ 片づけ

1～2歳での片づけは、保育者が中心となって行っていくのが通常だが、「お片づけ競争、よーいドン」「このシャベルカーに入れてください」などアイデア豊かな言葉かけで、片づけも遊びの一部と考えるのもよいだろう。玩具を元の場所に戻すということを、この時期から習慣づけていきたい。

8 健康、安全管理

"子どもの命を守ること"それはいうまでもなく、何より大切なことである。日々の保育の中では乳幼児を正しく理解をすることが第一であり、その上で、乳幼児の心身の健康を守り、日常の保育をしなければならない。そもそも健康とは、体だけではなく心も良好な状態のことである。子どもは自分で健康を維持することができない。家庭では保護者、集団では保育者・看護師など身近にいる大人が子どもの健康状態の判断をする。さらに子どもの変化にもいち早く気づくよう、日々の保育の中で心がけなくてはならない。

(1) 保育の上での健康観察

①視診・健康状態の把握

子どもの健康状態を把握することは保育の上での観察が重要である。年齢が低いほど体の諸機能が未熟であるため、体調の急変も起こりやすい。だからこそ健康であるかの見極めが必要である。その健康状態を把握するポイントを以下にあげていく。

- ○機嫌：よく笑っていて機嫌がよいかどうか。言葉をうまく話せない乳幼児には、健康の良し悪しを判断するポイントとなる。
- ○顔色：顔色はよいかどうか。健康な子どもはうすいピンク色をしているが、個人差がある。顔がほてっている、蒼白（あおじろい）ときは具合が悪い可能性がある。
- ○目：目がうつろ、目やにが出ていないか、涙目でないか。
- ○口：唇（くちびる）の色はよいか。咳・口内炎などはないか。
- ○皮膚：発疹などはないか。
- ○元気：元気よく活発に動き回っているか。この活発さには個人差があるため、普段の様子と比べて判断する。
- ○睡眠：気持ちよさそうによく眠っているか。眠っている顔が穏やかであるか。

第4章　乳児保育の内容と方法

○食欲：食事をおいしそうに食べているか。摂取量には個人差があるため、普段の摂取量と比べて判断する。
○ 尿 ：尿量、回数、尿の色などをみる。
○ 便 ：回数、症状（色、臭い、下痢など）をみる。

　一人一人の普段の様子を把握し、こまめに検温をすることも大切である。保育の中で、「今日はごろごろ寝てばかりいる」「大好きな苺にも手をつけようとしない」「いつも寝起きがいいのに今日は起きてからぐずぐずと機嫌が悪い」など、普段との違いに気づいたらいち早く対応することである。
　乳児は言葉で具合が悪いことを伝えることができない。その辛い状態をまわりにいる大人がすばやく気づき、少しでも緩和させてあげたい。そのためには、普段から保護者との連携を密にし、家庭での状況を朝の視診や連絡帳などで把握し、園での状況も詳しく伝えることが大切である。

❖ 乳幼児期に多い病気

○発　　　熱：乳幼児は体温調節機能が未発達であることと、新陳代謝が活発なため、急な発熱もみられる。発熱は風邪以外に、感染症などによるものが多い。子どもの発熱の原因は体の防衛反応であり、発熱するたびに体の免疫ができていく。また、平熱は乳児が36.3℃～37.4℃位、幼児が36.5℃～37.4℃くらいと大人に比べ体温が高い。発熱をしたら、熱以外の症状、食欲、咳、鼻、嘔吐、下痢、発疹なども把握しておく。さらに、脱水症状にならないよう水分を多くとらせ、頭、首の後ろ、腋わきの下、大腿骨のつけ根などを冷やし、担任がそばにいて安心させるなど、なるべく安静にする。

○けいれん：6か月頃から4歳前後までにみられ、最も頻度が高いのは熱性けいれんである。大体は1～2分で収まるが、10分以上続き、繰り返して起こすときは医療機関にすぐ連絡する。子どもがけいれんを起こしても慌てず、発作の時間を計り、衣服をゆるめ、嘔吐物での窒息を防ぐため、顔を横に向ける。医師に受診するときのため、けいれんの状況を記録しておくことも忘れない。

○嘔吐・下痢：乳幼児は胃腸の働きが未発達であるため、嘔吐や下痢は比較的多い症状である。咳きこんで吐いたり、腹部を圧迫されてミルクを吐いたりすることはあまり心配いらない。しかし、ノロウイルスなど感染症による嘔吐や下痢は、嘔吐物や便から感染が広まってしまうことが多く、保育者の手指も含め、消毒を徹底しなければならない（必ずゴム手袋をする）。嘔吐や下痢の対応として、嘔吐が続くとき、食事は2〜3時間与えず様子をみる。脱水症状にならないよう水分は少量ずつ与え、排便と排尿の状況を観察する。

②健康診断・予防接種

　健康診断は病気の早期発見や予防にもつながる。行政で行われている適年齢に合わせた定期的な健康診断では、身体測定のほかに、内科・歯科・眼科（聴力、視力）検診、専門家による栄養相談、発達相談なども行われ必要があれば専門機関への紹介や保健指導も行われている。

　保育所など集団での健康診断は、主に身体測定、内科・歯科検診・尿検査、検便などが行われている。

　子どもの発育発達に個人差があることは第3章でも述べてきたが、園生活の中で子どもの発育発達が遅れていると感じたときは、保育の中で一定の経過観察をし、施設長（園長）や嘱託医、看護師などと相談したうえで、保護者に医療機関などの受診を勧める。自分の判断で安易に保護者に伝えてしまうことは、自分の子どもがほかの子とは違う、障害があるかもしれないと心に大きな不安を抱かせてしまう。すぐに答えを出すのではなく、経過を観察したうえで伝えることが重要である。

　また、子どもの健康を予防するものの一つとして、予防接種がある。予防接種は子ども自身が感染症にかからないようにする目的と、大勢の子どもが接種することによって、社会全体への感染症の流行を防ぐ効果もある。日本での予防接種は、自己負担のない勧奨接種（国がその病気をなくすために積極的に受けることを勧めている予防接種）と、自己負担による任意接種がある。接種を受けさせるかどうかは最終的には親の判断で決める。

表2　予防接種ワクチンの種類

生ワクチン	不活化ワクチン	トキソイド
生きた病原体の毒性を弱めたもの。予防接種によって、体はその病気にかかったのに近い免疫（抗体）をつくる。	病原体を殺して免疫をつくるのに必要な成分だけを取り出してつくったもの。複数回の接種が必要なケースが多い。	毒素をなくした細菌を接種する。複数回の接種が必要なケースが多い。
麻疹、風疹、BCGなど	ポリオ、百日咳、日本脳炎など	ジフテリア、破傷風など

（2）安全に関する配慮

①子どものケガ・事故

　子どものケガや事故は不慮の事故と思われがちである。大人が見ている前で転倒したり頭を打ったりすることもたびたびである。しかし、実際には防げる事故のほうが多いということを覚えておかなければならない。3歳までの子どもは自分で危険を察知することができない。だからこそ、まわりにいる大人が子どもの成長や発達にともなう特性を知ったうえで、安全対策をとることが重要なのである。

　❖さまざまな事故の例

○誤　　飲：低年齢の子どもに多いのが誤飲である。乳児は手に取ったものを何でも口に入れてしまう。1歳児、次に0歳児、2歳児の順で多くなっている。

（東京都平成22年度調査）乳幼児2,000人対象
　－誤飲の多かったもの－
　　包装紙などの紙類（たくさん口に入れることで窒息の可能性がある）・シール、医薬品、タバコ、シャボン玉の液。
　－命にかかわるもの－
　　タバコは乳児が3分の1を食べて吸収すると、致死量になる。今回の調査では少数ではあったが、ボタン電池は胃液で溶けてしまい、消化管に

穴が開くことがあるので非常に危険であり、緊急な医療機関の受診が必要である。

いずれにしろ、子どもが誤飲したときには早急に吐き出させることが必須である。ただし、洗剤など一部は吐かせてはならないものもある。

○転落・転倒：転落事故の中にはベッドからの転落も多い。子どもが動かないからといってベッドの柵を開けたままにしていると、子どもは寝ている姿勢でも手足を動かしており、少しずつ動いて転落することもある。さらに寝返りができるようになってからは、少しの間だからと目を離したすきに転落するというケースが多い。階段や椅子、ソファーなどによじ登り転落、風呂場での転倒など、動くようになると転落・転倒が増えてくる。その際に、頭をぶつけた場合は、こぶ、出血の有無、意識はしっかりしているか、顔色はどうか、嘔吐していないかなどを確認する。

表3　月齢・年齢別　起こりやすい事故

月・年齢	起きやすい事故	事故の主な原因
新生児	周囲の不注意によるもの	★誤って上から物を落とす ★上の子が抱き上げてけがさせたり、物を食べさせる
1〜6か月	転落 火傷 誤飲・中毒 窒息	★ベッドなどから落ちる ★ストーブにさわる ★誤飲で多いもの 　たばこ、医薬品、化粧品、洗剤など ★コイン・豆などの誤飲
7〜12か月	転落・転倒 火傷 溺水 誤飲・中毒 窒息 車中のケガ	★扉、階段、ベッド ★アイロン、魔法瓶やポットのお湯 ★浴槽、洗濯機に落ちる ★引き出しの中の薬、化粧品、コイン、豆など ★お菓子などの食品が喉につまる ★座席からの転落
1〜4歳	誤飲・(中毒) 窒息 転落・転倒 火傷 溺水 交通事故	★原因の範囲が広がる。あらゆるものが原因になる ★お菓子などの食品が喉につまる ★階段、ベランダ ★熱いなべに触れる、テーブルクロスを引いて湯をこぼす ★浴槽に落ちる、水遊び ★飛び出し事故

2010年度母子健康手帳「事故の予防」より作成

○溺　　　水：子どもは水深10cm程度でも溺れてしまう。プールや浴室に水が入っているときは、絶対に目を離してはならない。

②事故防止対策と安全指導

　子どもの事故を予防するためには、環境の危険度をチェックすることが必要である。子どもの発達に合わせた危険物の排除や修理、生活用品や玩具、保育室など、さまざまな場所のまめな点検をし、安全対策を実施する。実際の事故は家庭での事故が圧倒的に多くなっているため、保護者に対しても危険を知らせ安全指導に務めなければならない。

　子どもに対しては、危険なことは理解できるような短い言葉で少しずつ知らせていく。お湯が熱いということを知らせるために、火傷をしない程度のお湯に触らせたり、ドアの隙間に割り箸をはさんでドアを閉めるなど、触ったり、目で見て理解させるのも効果的である。安全に関しては、まず予防をすることが第一であり、万一起きてしまったら正しい判断のもと対処をしなければならない。

表4　保育施設での死亡事故

年度	総数	認可保育所	認可外保育施設
1961〜1970	11	2（18.2%）	9（81.8%）
1971〜1980	114	7（6.2%）	107（93.8%）
1981〜1990	17	0（−）	17（100.0%）
1991〜2000	35	6（17.1%）	29（82.9%）
2001〜2008	63	22（34.9%）	41（65.1%）
計	240	37（15.4%）	203（84.6%）

「赤ちゃんの急死を考える会」作成　2009
(全国保育団体連絡会／保育研究所編『保育白書2010年版』ちいさいなかま社、ひとなる書房（発売）、2010、p.20)

保育のポイント

　保育中、子どもにケガをさせてしまったら、その日のうちに必ず保護者に伝える。まず、保育中に起きたことへの謝罪をし、その次にケガをしたときの状況、ケガの処置を伝える。また、翌日「昨日は、おケガをさせて

しまい申し訳ありませんでした。ご家庭での具合はいかがでしたか」と必ず様子を聞くようにする。保護者の見えない場所でのケガは、保護者にとっては不安を覚えてしまうこともあり、保育者の誠実な対応が重要となる。どんなによい保育をしても事故を起こしてしまったら親の不信感を募らせてしまう。そのことを忘れずに、日々の保育にあたらなくてはならない。

演習課題

1. 子どものおやつについて考えてみよう。

2. 夜型の生活リズムが子どもに与える影響について考えてみよう。

3. 玩具を手づくりして、「対象年齢・遊び方・ねらい・留意点」をまとめてみよう。

4. 身近な場所で、乳児にとっての危険箇所を調べてみよう。

5. 子どもの「かみつき」について考えてみよう。

参考文献

・菊池秀範『0・1・2歳児の運動あそび』萌文書林、1998
・二見大介・高野陽編著『小児栄養』北大路書房、2009
・待井和江・福岡貞子編『乳児保育（第7版）』ミネルヴァ書房、2009
・谷田貝公昭監修『6歳までのしつけと子どもの自立』合同出版、2002
・厚生労働省「授乳・離乳の支援ガイド」2007
・三池輝久・上野有理・小西行郎著『赤ちゃん学で理解する乳児の発達と保育①睡眠・食事・生活の基本』中央法規出版、2016
・汐見稔幸編著『平成29年告示保育所保育指針まるわかりガイド』チャイルド本社、2017

第5章

乳児を取り巻く保育の環境

　保育所などに通っている子どもは、1日の大半を集団で生活している。だからこそ、安心できる場所であることが望ましい。子どもの健やかな発達のためには環境が重要であることはこれまでも述べてきた。信頼できる保育者の存在はもちろんのこと、生活用具の充実、安全で発達にあった玩具、遊具、のびのび遊べる園庭などの環境を整えることが必要である。

1　人的環境

　3歳未満児保育において、一番影響を与えるのは保育者であり、保育者の人間性そのものが環境であるといっても過言ではない。子どもは、保育者との関係を基盤にして、まわりの人々や子ども同士の関係を築いていくのである。

（1）保育者との信頼関係

　子どもは、保育者との信頼関係を築くことによって、情緒が安定し、安心

して生活することができる。まず、一人の保育者が継続的に関わることにより、子どもは特定の保育者を安心できる存在として受け入れていく。信頼できる保育者の存在が、子どもの自信となり、まわりに対する興味や関心を広げていく。子どもの眠い、お腹が空いた、泣くなどの要求のあらわし方は一人一人異なっている。同じ保育者が関わることで、子どもの欲求をいち早く気づくこともできる。保育者自身も子どもの世話をし、関わる中で、子どもに対して「愛する、慈しむ」という気持ちが芽生える。その相互の信頼関係

表1　保育所最低基準

① 職　員

		（児童）	（保育士）
・保育士	ゼロ歳児	3 ：	1
	1・2歳児	6 ：	1
	3歳児	20 ：	1
	4歳以上児	30 ：	1

・嘱託医及び調理員は必置（調理業務の全部を委託する場合は調理員を置かないことができる）

② 設　備（施設）
- 2歳未満児　　乳児室　　　　　1.65㎡／人
　　　　　　　ほふく室　　　　　3.3㎡／人
　　　　　　　医務室、調理室、便所の設置
- 2歳以上児　　保育室又は遊戯室　1.98㎡／人
　　　　　　　屋外遊戯場　　　　3.3㎡／人（保育所以外の公園などでも代替可）
　　　　　　　調理室、便所の設置

③ 保育時間
　1日につき8時間原則（地域事情等考慮し、所長が定める）

④ 非常災害に対する処置
- 消火用具、非常口等の設置、定期的な訓練の実施

⑤ 保育室等を2階以上に設ける場合の条件
- 耐火建築物、傾斜路又は屋外階段、転落防止設備、調理室とそれ以外の部分の防火戸による区画、非常警報器具、カーテン等の防災処置

⑥ 児童の処遇
　ア）保育の内容　　養護及び教育を一体的に行いその内容は厚生労働大臣が定める（保育所保育指針の順守）
　イ）給　食　　　　必要な栄養量を含有、献立の作成、自園調理原則（3歳以上児は一定条件下で外部搬入容認）
　ウ）健康診断の実施

⑦ 苦情への対応
- 苦情受付窓口の設置等苦情対応のために必要な措置
- 都道府県・市町村からの処遇に関する指導・助言に従っての必要な改善運営適正化委員会への協力

全国保育団体連絡会／保育研究所編『保育白書2010年版』
ちいさいなかま社、ひとなる書房（発売）、2010、p.38をもとに作成

こそが保育の中では何より大切であろう。

❖ 保育者としての心がけ

　乳幼児期にどのような人と過ごしたかが、子どもの育ちには大きく影響をおよぼすといわれており、日中保育者と一緒に過ごすことの多い子どもにとっては、保育者はとくに大きな影響を与えている。保育者として日々、どのようなことを心がけ、気をつけるべきなのだろうか。

　保育者の言葉を聞き、行動を見て子どもは多くのことを学びとる。だからこそ子どものお手本となるような言葉や態度を身につけなくてはならない。

　言葉がうまく話せない子どもにとって、保育者は代弁者でもある。子どもの身になって考え、子どもの目線に合わせて聞き、それを子どもにわかる言葉で話しかける。話しかける言葉はゆっくり、はっきり、正しい言葉を心がけなくてはならない。今は、短縮言葉を使う若者が増えているが、子どもがはじめて耳にする言葉は、美しい日本語であってほしい。笑顔で挨拶を交わし、喜び、悲しみなど気持ちを込めて話すことは、子どもの心にはきっと響くはずである。さらに、子どもの気づきや発見を受け入れるために、保育者自身も技術や知識、感性を磨いてほしい。

　また、保育者は子どもの保育・教育をする専門職であり、身だしなみや立ち居振る舞いには品位や清楚さが求められる。低年齢児を受け持つ場合、直接肌に触れることも多い。爪を短く切る、アクセサリーやピアスは外す、髪の毛は束ねるなどは基本である。両手がふさがっているからといってお尻や足でドアを閉めたりすると、どこかで必ず子どもは見ている。子どもがまねをして自分の小さなお尻でドアを閉めている姿を見かけることもある。箸や食器を正しく持ち、音を立てて食べないなどの食事のマナーを身につける。こまめに動く、まわりに気を配る姿勢など保育者としての適正があるかどうか自分自身を振り返り、常に自己研鑽に励まなくてはならない（第7章でもふれていく）。

（2）子ども同士の関わり

　子ども同士の関係は、特定の大人との関係を土台として広がっていく。10か月頃になると、子ども同士関わる様子がときおり見られる。玩具の取り合いや、泣いている子を気にする姿や、ときには喃語を交わすこともある。成長するにしたがって、自分以外の子どもに対する存在を意識するようになり、人見知りが始まる時期でも、子ども同士ではあまりあらわれないことがわかっている。1歳頃になると、友だちが遊んでいると近くに寄ってまねをしたり、戸外に行くときに月齢の高い子が低い子の帽子をかぶせようとお世話をする姿も見られる。2歳頃になると、友だちを意識して遊ぶようになり、自分と気の合う存在をみつけると、笑顔で近づいたり、一緒に遊んだりと、「あの子と一緒にいたい」という気持ちが生まれるのである。乳幼児期に子ども同士で遊ぶ経験をもつことは、社会的にも発達することが指摘されている。

運動会（多くの人や子どもと関わる）

(3) 職員間のチームワーク

　乳児クラスは複数担任で保育をすることが多い。そのため保育者同士の連携を大切にしなければならない。現在の保育所は、保育形態・保育時間も多様になってきている。開園時間の長い保育所では、保育士がローテーションを組み、時差勤務で保育をしているため、保育士全員が揃うことが少なく、連絡や伝達事項はホワイトボードに書いたり、引き継ぎ書に詳しく書いてもれがないよう、園ごとに工夫がされている。また、職員会議やクラスごとのミーティングで話し合いながら、看護師、栄養士などとも協力して日々の保育を向上させる努力をしていく。複数担任であるからこそ、一貫した保育方針での対応が望まれる。

担任の交代

　保育所では、クラスが進級する際に、担任が変わることが多い。A保育所の1歳児クラスでは、保育士3人のうち、1人が持ち上がりで2人は変わっている。M男は保育室に入ると、新入園児が泣き叫んでいる姿を見て不安になってしまった。大好きな先生を探すが部屋にはいない。ふと、気がつくと大好きな先生は園庭でほかのクラスの子どもたちと遊んでいる。窓をたたいて、先生を一生懸命呼んでみた。その姿に窓の外の先生も気づき、そばによるとM男は泣いて先生を呼んでいた。泣いているM男を見て、先生も思わず涙がこぼれてしまった。

　4月には時折この事例のような姿が見かけられる。5月のゴールデンウィークを過ぎる頃には、「今日は泣き声が少ないね」という声が聞かれ、徐々に新しい担任にも慣れ、クラスとしても落ち着いてくる。しかし、事例のようにお互いによい関係を築いているのにも関わらず、なぜ集団保育では担任が交代するのだろうか。転勤者や退職者が出ることによりクラスごとのバランスをとるため、保育者と子どもとの相性、保育者が変わることで今ま

でとは違う子どもへの気づきが生まれる、など理由はさまざまではあるが、卒園まで同じ担任ということはまれである。では、複数の保育者と分離する場合、どのような配慮が必要であろうか。

①子どもの要求や状態に対して敏感である。
②継続性・一貫性をもって応答する。
③「抱っこ」に代表されるような情緒的な関わりが充実している。

などがあげられる。複数担任が基本である乳児クラスでは、保育者間での一貫した対応が子どもの安心感につながっていく。

2 物的環境

乳児クラスの場合、安全で保健的であること、発達に即した保育環境であることが望ましい。保育の中での子どもに適した環境について考えていく。

（1）生活空間

乳児室やほふく室（乳児が這いずり回る部屋）は、一人一人の発達が保障されるような配慮が求められる。動けるようになったら十分に動ける場所、子どもが着替える、手を洗う、食事をするなど発達に合わせた使いやすい生活環境を工夫しなければならない。

①採光・換気
乳児は室内で過ごすことが多い。日当たりがよく、風通しのよい部屋が望ましい。まめに換気をし、風邪などのウイルスや細菌が蔓延するのを防ぐ。

②温度・湿度
夏は25℃前後、冬は18℃から22℃くらいで、外気温との差が5℃以上にはならないようにする。湿度は50～60％が最適である。

③床面

　材質は、汚れてもすぐに拭くことができるため、フローリングが好ましいが、その反面、子どもの転倒には衝撃が大きい。畳、じゅうたん（純毛は不可）はダニやカビが発生しやすいため適切とはいえない。しかし、転んでもクッションになるため、ケガが少ないなどの利点もある。コーナーとして、遊びの時に使用するなど、用途ごとに分けるとよい。

④窓

　直射日光を避けるため、カーテンやブラインドで調節する。危険を伴うため、窓の側に踏み台などは置かない。

⑤寝室・食堂

　乳児室とは別であるほうが望ましいが、一体型の場合は、ベッドや布団は端に置くなど、生活と遊びの空間をなるべく分けて配置する。

⑥トイレ

　子どものサイズで、清潔で明るくし、子どもがトイレに行きたくなるような工夫をする。使った後は、その都度掃除を忘れないようにする。

トイレ（トイレも楽しく子どもが行きたくなるよう工夫する）

(2) 室内環境

子どもは、行動が活発になるにつれさまざまな場所で探索活動を始める。好奇心を満たし、いきいきと活動できる場となるような工夫とはどのようなものがあるだろうか。

①テラス・ベランダ

テラスやベランダは保育室の延長と考える。ドアを開けるとすぐに出られたり、段差をなくし、スロープにするとよい。

②コーナー

子どもが自由に出し入れできるように、ままごと、人形、本、楽器、日用品（スカーフ・エプロン・バッグなど）などを、子どもの手の届く高さに配置し、出し入れをする箱も軽いもの（ダンボール・プラスチックなど）を使用する。好きな玩具に興味をもって関わり、興味や関心を広げ、さまざまな遊びを楽しめるようにする。また、同じ種類のものは同じ場所に収納することに

コーナー玩具

より、子ども自身が片づけやすくなる。

③遊びが充実する空間

　遊びのコーナーを仕切ることによって、落ち着いた空間が生まれ、遊びが充実する。ダンボールの中や机の下にもぐってブロックや人形で遊ぶ子どもも多く、一人遊びが充実できるような空間を確保することも環境として大事なことである。

遊び場のパーテーション

④室内装飾

　室内にいながらも、四季を楽しめるよう室内装飾を行い、保育の中で季節の移り変わりを感じられようにしていく。

　子どもが装飾をじかにさわれるようにしたり、子どもたちの作品（手形、スタンプ、折り紙や色画用紙を用いた切り紙や貼り絵など）を用いて、保育室で子どもがくつろぎながら生活を送れるように工夫したい。

　子どもの作品を用いる場合は、名前などを入れなくてもよい。たとえば、保育参観などで保護者が見てほかの子どもと比較したりすると、自尊心が傷つけられ、その後の創作意欲に影響することもある。

四季折々の室内装飾

(3) 戸外遊具

　戸外には滑り台、ジャングルジム、ブランコなどの固定遊具や、三輪車、車などの移動遊具があり、子どもたちにとっては魅力的なものばかりである。
　大好きな遊具に向かって一目散に向かっていく子どもたち。滑り台では保育者が踏み切りのまねをして手を下ろし、「カンカンカンどうぞ」と手を上げると大喜びで何度も繰り返し滑っている。階段には人が増え、保育者は前の人を押さない、抜かさないなどの声をかけている。子どもたちは滑り台が大好きである。しかし子どもによっては階段を登っている途中に手を離したり、上まで登ったら怖くなり降りられない、滑るときに頭から滑ろうとするなど危険もともなう。必ず保育者が子どもの側につき、安全に留意しながら楽しく遊べるようにしていく。

3 自然・社会事象——四季折々の活動や年間行事

　子どもたちは、園庭や散歩など身近な自然に触れ合う中で、さまざまな事象に興味や関心をもつ。日本には四季があり、暖かさ、暑さ、涼しさ、寒さを感じることができる国である。園庭の樹木や草花は季節の変化を間近に感じることができ、土に触れ、花を摘んで色水遊びをしたり、花にとまるチョウを見て楽しむ、アリやダンゴムシをみつけたりと子どもたちにとっては発見の連続である。冬には霜柱を踏んで楽しむ、雪に触れるなど、この自然を保育の中に取り入れていきたい。

自然に触れられるように配慮する

　また、園で飼育している動物たちは、子どもたちの心を癒してくれる。幼児クラスの子どもと一緒に餌をあげたり、生き物をいたわるという優しい気持ちも芽生える。

　乳児クラスは、行事への参加はそのときの子どもの状態に応じて臨機応変に参加をしている。年間を通じての行事は、以下にあげる四季の活動・行事のほかに、誕生会、避難訓練、保護者会、保育参観などがある。

①春

　4月は、新入園児が入り、保育所の雰囲気も慌ただしく、進級の子も上のクラスに上がった喜びと環境の違いに戸惑いをみせる姿もみられる。一人一人が落ち着いてゆったりと過ごせるような保育を行っている。

【行事】入園式、こどもの日、春の遠足、健康診断、など

②夏

　7月に入ると、子どもたちの大好きな水遊び、プール遊びが始まる。水への安全対策を万全にし、食中毒や伝染病など、衛生面での注意や、水分をこ

まめにとるなど、子どもの健康管理に配慮する。
　【行事】七夕、プール開き、夏祭り、など

　③秋
　夏の疲れが出てくる時期なので、子どもたちの体調管理に注意する。また、天気のよい日は戸外で落ち葉を拾うなど、自然と触れ合う機会を多くもつようにする。
　【行事】敬老の日、運動会、秋の遠足、など

　④冬
　寒い季節ではあるが、丈夫な体をつくるためにも天気のよい日はできるだけ戸外で遊ばせるようにする。2歳児は幼児クラスと合同で生活する機会を設け幼児クラスへの移行準備を始める。
　【行事】もちつき、節分、雛まつり、卒園式など

お楽しみ会の様子

4 乳児の集団保育

　保育は集団ではあるが、一人一人の発達や個性に合わせた個別保育を基本とする。なるべく家庭での生活に近づけるような配慮が必要であるが、0歳児と2歳児では子どもの活動や、保育士の仕事内容も異なってくる。また、園によって保育時間も異なっている（土曜日も同様）。ここでは、ある保育所の1日を例にあげていく（詳細は第6章参照）。

表2　保育所の1日

0歳児		1〜2歳児	
7：15	登園	登園	7：15
	遊び	自由遊び	
9：30	午睡	おやつ	9：30
10：30	授乳・離乳食	戸外遊び	10：00
	遊び	昼食	11：00
12：30	午睡	午睡	12：00
14：30	授乳・離乳食	起床	
	遊び	おやつ	15：00
16：30	順次降園	自由遊び	
18：15		順次降園	16：30
		延長保育	18：00
			20：15

①登園

　ほとんどの子どもは、抱っこやおんぶ、ベビーカーなどで、保護者に守られて登園する。子どもは大好きな外に出られたことを純粋に喜んでいるが、保護者と別れる瞬間、悲しみが押し寄せて泣き叫ぶこともある。そのような中でも、子どもの顔色、顔つき、眼や鼻の状態などを見て、保護者から食欲、体温、睡眠、排泄、機嫌などについて聞き取り、健康状態を把握する。「○○ちゃんおはよう、いっぱい遊ぼうね」と明るく挨拶をし、親に安心感を抱かせ、笑顔で保育室へ入る。これがいかにさわやかであるかが、子どもの1日が決まるくらい大切である。

登園する親子

②朝の遊び

　早朝は、0歳児と1歳児が合同で遊ぶ園もある。朝は次々に子どもが増え、子どもたちは自分の好きな子が登園すると、抱きついたりにっこり微笑んで近づき、玩具を渡したり、好みのぬいぐるみや絵本を小脇に抱えて、一人一人が好きな遊びを展開している。玩具は時々変えたり、当番の保育者が日々変わっても不安にならないような配慮をする。9時頃になると、クラス別・グループ別保育に変わっていく。

③朝のおやつ

　最近は朝食抜きの子どももいるので、バナナ、ラスク、ヨーグルトなど補食になるようなものを与えることもある。反対に朝食の遅い子どももいるので、昼食に響かない量を考える。

④排泄

　おむつは、濡れたら取り替えることが基本である。必要なものは手の届く範囲に置き、子どもの目を見て「あっしーしーでたね」「うんうんね」など声をかけながら、取り替える。取り替えを嫌がる子もいるが「すっきりしようね」「きれいきれいにしよう」など、笑顔で抱きしめ、楽しい会話を交し、

手早く手際よく取り替える。おむつ交換が終わった子どもは機嫌よくまた遊び始める。保育室には、オムツの子、トイレットトレーニング中の子、自分でトイレに行く子などさまざまである。個々に合った関わりをしていく。

⑤遊び（0歳児ある1日の例）

　保育所にいる時間が長い子どもたちは、遊ぶ時間も長くなる。室内・戸外遊び、動的・静的遊び、大人に遊んでもらう、子ども同士で遊ぶなど、さまざまな姿が見られる。

　天候のよい日は0歳は発達によってグループに別れ、歩けない子は室内のサンルームで、好きな玩具で遊びを楽しんでいる。保育者の膝の上で抱っこをされて日なたぼっこをする子ども、友だちが持っている玩具に興味をもって自分から近づいたり、笑顔を交わす姿もみられる。歩けるようになった子どもは、園庭で1・2歳児と一緒に自動車に乗ったり、砂場でコップに砂を入れて楽しんでいる。途中で幼児クラスの子どもも合流し、輪になってダンスを踊りだすと、その輪に入って音楽に合わせて体を揺らして楽しんでいる子も見られた。大きな子どもとの遊びは年齢の低い子どもにとっては刺激もあり、また楽しいものである。

⑥食事（授乳・離乳食）

　ゆったりとした気持ちで行い、目を見て声をかけながら授乳をする。授乳期、離乳期、完了期によって一人一人への配慮は異なるが、楽しい雰囲気をつくり、食事は、1人が主に配膳や片づけをし、後の保育士が子どものそばに座り個々の食欲や、ペースに合わせて援助をしていく。乳児クラスは複数担任であるため、保育士の役割分担が大切である。子どもの食欲は健康のバロメーターでもある。一人一人の子どもの食べる量を把握しておくことが大切である。

⑦午睡

　食事の途中で眠くなったりする子どももいる。夜の睡眠が足りない子どもは早めに寝かせるなど個々に合わせて午睡を促す。パジャマに着替え、落ち

着いた雰囲気の中で午睡をする。

⑧目覚め

目覚めた子どもには「○○ちゃんおはよう」とやさしい声をかけ、保育者は午睡から目覚めた子どもの検温をしたり、着替えをする中で健康状態を把握する。

⑨午後のおやつ

おやつは子どもにとっては楽しみの一つである。降園時間の遅い子も多いので、夕食までの間、空腹感を抱かないものが選ばれている。ホットドッグ、ホットケーキ、ふかし芋、ドーナッツ、焼きそば、おやきなどが工夫されて出されている。最近は咀嚼（そしゃく）をうながすために、するめを取り入れている園もある。噛み切れなくても、保育者が「カミカミ」と声をかけると一生懸命口を動かし、するめを噛みしめている。

⑩延長保育・降園

現在は長時間保育が多くなっている。延長保育は1歳の誕生日を迎えてからという園もあり、時間は園によってさまざまである。しかし、保育時間が長ければ長いほど多くの配慮が必要である。

夕方の延長保育では、グループ保育から異年齢の混合保育を実施している園が多い。担任以外が、日々交代で保育している場合、延長保育を担当する保育士が、担任からの引き継ぎ事項を保護者に伝える。朝、受け入れたときと同じ状態で帰路につかせる保育が第一であるが、もし異常があった場合は、施設長（園長）に報告・相談した上で、その判断のもと、子どもの状態を熟知している担任が保護者に対応することが望ましい。降園時はできるだけ子どもがいるうちに電気を消したり掃除をしないで、また明日も登園したくなるよう送り出す。

この時間は、玩具、ぬいぐるみ、ブロック、絵本、自由画など、コーナー遊びを充実させ、保育者間で連携して保育がマンネリ化しないよう配慮をする。異年齢で保育を進める場合、行動の差があり危険も多いので、保育者は

第5章　乳児を取り巻く保育の環境

一人一人への安全管理が最も重要である。また、子どもの疲労感、保健衛生にも配慮をしていく必要がある。

保育所は、保育時間も多様で夜間保育を実施しているところもあるため、保育士の勤務時間は複雑になってきている。そのため、連絡を密にし、園全体で子どもを見守る姿勢が必要である。

また、1日のデイリープログラムは大体決まっているが、子どもの状況やその日の活動によって臨機応変に対応している。

❖延長保育の保育環境

保護者のお迎えがあり、帰っていく友だちがいるなかのでの保育となるため、子どもの気持ちに寄りそうように配慮したい。長時間保育となっている子どもの疲労感を考慮していく必要がある。疲労が重なると、疾病につながることにもなるためである。パーティションなどを使って保育室のなかに小さなコーナーをつくるようにして、家庭のような子どもがくつろげる環境づくりを心がけたい。

演習課題

1 実習先の保育所や3歳未満児が集う場所で、環境としてどのような工夫がされているのか、観察してみよう。

2 延長保育の環境について考えてみよう。

参考文献

・川原佐公、古橋紗人子編著『乳児保育』建帛社、2006
・厚生労働省編『保育所保育指針解説書』フレーベル館、2008
・全国保育団体連絡会／保育研究所編『保育白書 2010年版』ちいさいなかま社、ひとなる書房（発売）、2010
・谷田貝公昭、上野通子編『これだけは身につけたい保育者の常識67』一藝社、2006

第6章

保育の計画と記録

　保育の計画は、子どものよりよい成長発達のために、とても重要である。その基盤になるのが保育記録となる。
　保育所保育指針が2018年（平成30）4月1日に施行されたが、保育の計画は、その第1章に示されている。また、「全体的な計画」については、保育士養成校で2019年度（平成31）より、半期間2単位の必修科目（保育の計画と評価）として新たに設けられる。そこで詳しく学ぶことになるので、この章では乳児に視点をおいて述べることにする。

1 計画の必要性

　近年、子どもたちは、保育所で過ごす時間が長くなっているので生活のほとんどを保育所保育に委ねられているのである。そのため、乳児の心身の発達をよりよいものにする保育の計画を立案する必要がある。
　保育の計画は、0歳～就学前の長い保育所での生活が充実したものになるように、子どもの姿や実態に合った生活が展開できるよう立案することが大切となる。
　子どもは、自ら伸びようとする、すばらしい可能性を秘めている。それを

まわりの保育にあたる者が、保育の目標に基づき、やさしく、温かく見守り、援助していく必要がある。

保育者は、子どもの個性や興味・関心を知り、0歳～就学までの6年間の保育所における生活が一貫したものになるように考えることが大切である。保育に関わるすべての者が、話し合いを重ね、共通認識をもって保育していかなければならない。

保育者は、日々の遊びや生活の援助を通して、子どもの実態を知るように努め、その中から指導計画（年間・期・月案・週案・日案）を編成し、日々の保育に反映させていくことが重要となる。

2 全体的な計画に基づく指導計画

（1）全体的な計画

全体的な計画とは、保育所生活の各期間を通して全年齢の子どもの育ちの道筋の連続性を示した保育の基盤となるものである。また全体的な計画は、保育所に在籍する全年齢の子どもの成長を、長期的に見通した一貫性をもつ計画を立てる必要があるため、全職員の総意の下で作成することが大切である。全体的な計画は、保育所の地域性や保護者の思いが反映され、また保護者や地域へさまざまな方法を通して情報提供していくことが、保育所保育指針の第1章には示されている。それを基にして、保育実践をしやすく、より具体化したものが指導計画となる。

（2）指導計画

指導計画とは、全体的な計画に基づいて、保育所の保育目標や保育方針を具体化する実践計画である。指導計画は、具体的なねらいおよび内容、環境構成、予想される子どもの活動、保育者の援助、家庭との連携などで構成される。

指導計画は大きく分けて2種類ある。

1）長期指導計画　…　年間、期間、月間計画（月案）
2）短期指導計画　…　週間（週案）、日案（デイリープログラムを基にする）

表1　全体的な計画と指導計画の対比

全体的な計画	指導計画
1．園における基本的な計画である。入所している子どもおよび家庭の状況や保護者の意向、地域の実態を考慮し、それぞれの園に適したものとなるように作成するものとする。	1．最も長いものでも1年間のものであって、2年以上にまたがるものを考えない。 指導計画の種類 ①長期指導計画—年間、期間、月間計画 ②短期指導計画—週案、日案 ③デイリープログラム—日課表 ④指導案—特定の時間帯や活動の展開に関する具体案をさす
2．個々の園ごとに、保育の目標と、自らの園に入所することになっている最年少の乳児から最年長の幼児までの発達過程に即して目標を具体化したねらいと内容を所定の年数にわたって、一貫性をもって作成するものである。	2．基本的な全体的な計画・教育課程を基として、指導に当たる個々の保育者が、担当するクラスの子どもの年齢、保育年数、発達の実態、地域や家庭環境、自然や社会の主要な事象の実情、園の設備、職員組織、個人の経験や能力など関係する諸般の条件を考慮して、最も使用しやすいように作成する具体的な保育内容の実践計画である。
3．各年齢段階相互間の縦の系列における発展を示すものであり、各年度の、各クラスが作成する指導計画の基本となるものである。何を素材として保育内容を展開するか、また、指導上留意すべき具体的事項は何かなど、具体的・弾力的なものはとりあげない。 4．一園に一つ作成される。作成は、園長の責任であるが保育者全員参加の機会や方法を工夫することが必要である。	3．各年齢ごとに一つ作成されることを原則とするが、同年齢のクラスが2クラス以上ある場合、ねらいを主体とする年間計画は1本であっても、次第に具体化される段階—月間計画、週案、日案—では、クラスごとに環境構成や保育活動にちがいがでてくることになる。 4．対象児の実態に即し、前年度の実績を踏まえ、毎年作成しかえることを原則とする。もちろん、前年度、成果をあげたことは継承するが、対象が変わり、保育者が変われば当然新たな取り組みが生じるはずである。また常に進歩向上を目指すべきである。
5．全体的な計画を踏まえて、保育が適切に進められているかどうかを把握し、年次ごとに再検討し、必要があれば補正を行う。	5．具体的、実践的計画であるから各園、各クラスの現状に即したものでなければならない。モデルプランは参考資料であって、そのまま模倣することはさけるべきである。指導計画作成は保育者の創意工夫が問われることとなる。

（待井和江編『保育原理　第7版』ミネルヴァ書房、2009、p.218の表を元に著者作成）

①指導計画の立案にあたって

1）保育を実践するにあたり指導計画はすべての子どもが、保育所に入所し

ている間、常に適切な養護と教育を受け、安定した生活が送れるように配慮し、充実した活動ができるように立案する。
2）その計画は、柔軟で発展的なものが望まれる。もちろん保育所に在籍する０歳～就学前までの子どもの保育が、一貫性のあるものになるように援助していくことも重要である。
3）乳幼児一人一人の成長発達を把握し、月齢差・個人差・保育歴・家庭環境・地域性・季節感などの実態に合ったものにする。また生活のほとんどの長時間を保育所で過ごすため、子どもに必要な体験が十分保障されるものが望ましい。なお乳児の計画は、個人差・発達差・環境差・育児歴の影響が大きいため個人計画が望ましい。

②指導計画の立案で配慮したい要素
・子ども一人一人の育ちの理解
・全体的な計画に基づいたもの
・子どもの実態に沿ったもの
・一人一人の子どもに必要な経験・体験を盛りこむ
・より具体的に編成する
・生活の連続性、家庭と24時間スムーズにつながっているもの
・発達を見通すもの
・地域性を配慮する
・季節感を盛りこむ
・子どもが望ましい方向へ向かえるよう配慮する
・子どもが興味・関心をいだけるもの
・子どもの欲求を満たせるもの
・子どもの最善の利益を考える

③３歳未満児の指導計画
　３歳未満児については、心身の発育、発達が顕著な時期であると同時に、その個人差も大きいため、一人一人の子どもの状態に即した保育が展開できるよう個別の指導計画を作成することと保育所保育指針には示されている。

表2　年間指導計画の例—0歳児年間計画

年間目標	●保健的で安全な環境のもと、疾病や体の異常の発見に努め、快適な生活ができるようにする ●一人一人のペースに合わせた離乳食を用意し、無理のないように離乳食の完了を図る	●それぞれの発達に合わせて離乳の完了へ導くとともに、歩行の開始や発語への意欲を育む ●季節を体で感じながら、自然に触れる

期	1期（4〜5月）	2期（6〜8月）
ねらい（養護・教育）	●一人一人に十分に関わりながら、安心して過ごせるように環境を整える ●保育者にあやされたり言葉かけをされたりすることで、保育者との信頼関係をつくる	●夏の保健衛生に留意し、快適な環境のなかで過ごせるようにする ●体調を把握しながら、戸外での外気浴を楽しむ

月齢	57日〜3か月未満	3〜6か月未満	6〜9か月未満
子どもの発達の現れ	●一日のほとんどの時間、睡眠と目覚めをくり返す ●空腹やオムツが汚れるなどの不快を感じると、泣いて知らせる ●あやすとほほえんだり、喃語を発したり手足を動かしたりする ●自分の手をかざしたり、しゃぶったりする ●ガラガラなどの音がするほうを、目で追う ●うつぶせにすると、頭を持ち上げようとする	●首がすわり、手足の動きが活発になる ●機嫌のよいときは喃語を発する ●目覚めているときと、眠っているときの区別がはっきりする ●あやしたり話しかけたりすると、人の顔をじっと見つめ、笑ったり喃語を発したりする ●おもちゃを見せると手を伸ばして握ろうとする ●離乳食を開始し、母乳やミルク以外の味に慣れる	●離乳食は2回食へ移行し、食べることを喜び、手づかみで食べようとしたり、スプーンに興味を持ったりする ●手遊びやわらべ歌を喜ぶ ●人見知りが始まる ●睡眠は午前と午後の1日2回のリズムになってくる ●お座りをしたり、腹ばいで前進したりする ●保育者の姿が見えなくなると、泣いたり後追いをしたりする
環境構成と援助	●目覚めたときや起きているときは、やさしく抱っこして、情緒的関わりが持てるようにする 	●保育者と向き合い、遊びの楽しさを共感していく ●目覚めているときは、赤ちゃん体操や触れ合い遊びなどをして、感覚を通して言葉と体の発達を促す ●離乳食は一人一人の体調を見ながら、家庭との連結を密にして無理なく進めていく ●遊びを見守り、ときには援助していくことで心身の発達を促す	●一人一人の生活リズムを把握し、適度に眠れるよう環境を整える ●発達に合った運動遊びに誘い、体を動かす楽しさに共感する ●子ども一人一人の感情の表し方を理解し、共感し受け入れ、安定できるように接していく ●子守歌を歌いながら、心地よく入眠できるようにする ●離乳食は一人一人の様子や家庭での進み具合をふまえて進めていく
保護者支援	●連絡帳への記載や送迎時の会話により、保護者と保育者とが情報を共有し、共通の認識で子どもに関われるよう配慮する	●あやしたり、話しかけたりなど、スキンシップをとることの大切さを伝えていく	●たくさん体を使って遊べるようになったことを伝え合い、成長ぶりに共通理解が持てるようにする

監修　桃沢幸苗（中居林保育園園長）、プラン作成　長利美聡（浪館保育園）、イラスト　みやれいこ

<table>
<tr><td rowspan="2">一年間の保育に対する自己評価</td><td colspan="2">●生活リズムをより安定させるために保護者の話をよく聞いて、食事や睡眠の様子を把握し、家庭や園での様子を伝え合うことができた
●離乳食の開始や歩行の開始など、それぞれの成長の様子を丁寧に見守り、励ましていくことで一人一人の発達を促すことができた</td></tr>
</table>

※この欄は年度の終わりに記入します。

3期（9〜12月）	4期（1〜3月）
●薄着を心がけながら、丈夫な体をつくっていく ●信頼する保育者と触れ合いながら、保育者の仲立ちによって、他児との関わりを楽しめるようにする ●いろいろな自然に触れ、興味・関心を持たせる	●冬を健康に過ごせるよう、感染症の予防などを心がける ●様々な遊びを通して少しずつ友達と関わり、1歳児クラスへの順調な移行を目指す

9〜12か月未満	1歳〜1歳3か月未満	1歳3か月〜2歳未満
●はいはいからお座り、伝い歩き、つかまり立ちと移動運動をする ●指さしが出てきて、少しずつ思いを伝えようとする ●睡眠時間がほぼ一定になってくる ●様々な味の離乳食を食べる	●午睡が1回になり、安定して眠れるようになる ●簡単な衣服の着脱を自分でしようとする ●友達に関心を持ちはじめる ●促されると、左手を食器に添えて食べることができる	●便座に座ることにも慣れ、ときどき成功することもある ●スプーンを使ったり、ズボンや靴をはいたり、脱いだりを一人でする ●体全体を使って遊び、活発になる
●一人一人の生活リズムを把握し、落ち着いた雰囲気のなかで、安心して眠れるようにする ●つかまり立ちしたときに手の届きそうな場所に、ものを置かない ●指さしにやさしく応じて、伝えようとする気持ちを大切にしていく ●食べる意欲を大切にし、様々な味に慣れていけるようにする ●いろいろな食材に触れ、食べることを楽しめるように、体を十分動かせる広い空間を用意する	●絵本の読み聞かせや、歌などを通して、発語への意欲を高めていく ●伝い歩きや一人歩きの楽しさを受け止め、共感しながら発達を促していく ●食品に対して好き嫌いが出てくるが、言葉かけをし、様々な食品を経験できるようにする ●オムツ交換のあとなど機嫌のよいとき、オマルに座ることを促す ●手遊びを十分に楽しめるようにする	●食事では、かむことや飲みこむことを子どもと向き合って伝える ●友達と共感できる遊びを用意し、トラブルが起きたら仲立ちをする ●安心して眠れるよう、そばにつく ●自分でしようとする行動が増えてくるので、その気持ちを受け止めて、自分でできた喜びに共感する ●排尿の間隔を把握してトイレに誘い、成功したときはほめる ●保育者とごっこ遊びをしながら、子ども同士の関わりを深める
●離乳食が無理なく進むよう、進み具合を伝え合う	●言葉かけをどんどん理解していく時期なので、たくさん語りかけてもらえるように伝える	●自我が芽生えていることを知らせ、家庭でも子どもの気持ちを受け止めることの大切さを伝える

『プリプリ4月号別冊付録 指導計画のヒント』世界文化社、2011

表3 年間指導計画の例―2歳児年間計画

年間目標	●養護の行き届いた環境のもと、子どもの欲求を満たし、生命の保持および情緒の安定を図る ●安定した生活のなかで身の回りのことに興味を持ち、自分でやってみようとする ●自然物や身近な用具、おもちゃや素材に関わって遊び、外界に対する好奇心や関心を持つ ●いろいろな経験を通して周囲の人たちに親しみを持ち、言葉への興味を育てる ●体を動かすことや表現することを楽しむ ●楽しんで食事や間食をとれるようにする

期	1期（4～5月）	2期（6～8月）
子どもの姿	●新しい環境に慣れず、不安がって泣いてしまう子どももいる ●固定遊具や好きなおもちゃで遊ぼうとする	●一日の生活の流れがわかるようになり、生活が安定してくる ●友達との間で、ものの取り合いや自我のぶつかり合いが多くなる
ねらい	●新しい環境（園・保育者・友達）に慣れ、安心して過ごす ●一人一人の子どもの欲求を十分に満たし、生命の保持と情緒の安定を図る	●一人一人の生活リズムを大切にしながら、適切に休息の機会をつくり、夏を快適に過ごすようにする ●保育者や友達と会話を楽しみ、語彙（ごい）の増加を図る
★教育／■養護 生命の保持・情緒の安定 健康・人間関係・環境・言葉・表現	■朝の視診を丁寧に行う ■保育者の援助を受け、便器での排泄に慣れるようにする ■安心できる雰囲気で、保育者や友達と食事ができるようにする ★好きな遊びを見つけ、保育者や友達と一緒に楽しむ ★保育者や友達の名前やマークに興味を持ち、言葉にする ★自分の持ちものの置き場所や使い方など、保育者と一緒にやりながら覚え、生活の仕方を身につけていく	■生活環境を常に清潔に保つとともに、身の回りの清潔や安全の習慣が少しずつ身につくようにする ■簡単な衣類は手伝われながら、自分で着脱できる ★友達とのぶつかり合いを通して、相手にも同じ思いがあることを知る ★友達や保育者と一緒に、生活再現遊びを楽しむ ★絵本や紙芝居を読んでもらうことを喜ぶ ★夏の遊びを楽しむ
子どもの活動 （自然・音楽・造形・言語・運動）	●チューリップや桜の木を見て春の自然を感じ、遊ぶ ●遠足や交流会など、家族や友達と自然のなかで遊ぶ ●クレヨンを使って、こいのぼりやかぶとづくりを楽しむ ●保育者と一緒に粘土や紙などに触れて、感触を楽しむ ●簡単な手遊びや、リズムに合わせて体を動かして遊ぶ ●おもちゃや絵本に興味を持って遊ぶ ●好きな絵本を読んでもらう ●生活のなかで簡単なあいさつをする	●口をゆすいだり、手を洗ったりする ●水分を十分にとる ●ゆったりとした雰囲気のなかで眠る ●土や砂、紙などの素材に触れて楽しむ ●水遊びなど、夏の遊びを十分に経験する ●身の回りの小動物や、草花に興味を持つ ●七夕飾りをつくり、星や伝統行事に興味を持つ ●夏祭りを通して、地域の人たちと交流を持つ
環境構成と援助	●一人一人の気持ちを大切に受け止めて、安心して過ごせるように、子どもとの信頼関係を築いていく ●十分に落ち着いた雰囲気のなかで、生活に必要な基本的習慣が身につくようにする	●活発な活動のあとは適切な休息や水分補給を行い、体の状態を観察する ●自然や身近な事物などへの興味・関心を広げると共に、安全や衛生面に留意する
保護者支援	●日々の送迎や懇談会などを通して信頼関係を密にし、子育てについて理解を深め、子育ての喜びを共感する ●保護者の思いをしっかり受け止め、子どもの様子を話し合うことで、協力関係も築いていく	●園での子どもの生活や健康状態について、家庭と密接な関係がつくれるように体制を整えておく ●保護者の都合がつくときに保育参加会に参加してもらい、子どもと関わる経験をしてもらう
行事	●入園式、進級式、懇談会、避難訓練、身体測定、検尿、お楽しみ会（誕生会・集いなど）、ぎょう虫検査、地域子育て支援活動（通年）	●歯科検診、内科健診、プール開き、避難訓練、お祭り、身体測定、保育参加会、プール納め、お楽しみ会（誕生会・集いなど）

監修 椛沢幸苗（中居林保育園園長）、プラン作成 和田初江先生（竜南保育園）、イラスト みやれいこ

<table>
<tr><td rowspan="2">一年間の保育に対する自己評価</td><td colspan="2">●個人差はあるが、自分のことは一人でできるように援助ができた
●この時期は、他児と関わりが増えていくなかで自己主張が強くなりトラブルが増えるが、相手にも気持ちがあることを知らせていくことが大切であると、改めて感じた</td></tr>
</table>

※この欄は年度の終わりに記入します。

3期（9〜12月）	4期（1〜3月）
●保育者の手伝いや、友達の世話をしようとする ●身近な事柄に関心を持ち、質問が多くなる ●基本的な運動機能が発達し、全身を使って遊ぶ	●友達との関わりが深まり、一緒に行動したり同じ遊びをしたりすることを好み、少し長い時間遊べるようになる ●身の回りのことなど、一人でできることが増えてくる
●保育者に手助けされながら、身の回りのことをする ●小動物や植物を見たり触れたりして、興味を広げる ●保育者とともに、全身や手や指を使う遊びを楽しむ	●興味のあることや経験したことなども、生活や遊びのなかで保育者や友達とともに、好きなように表現して遊ぶ ●進級に期待を持って、意欲的に生活しようとする
■尿意を感じたら、自分でパンツやズボンを下げて排泄できるようにする ■脱いだ服をたたんだり、しまったりできるようにする ■戸外活動のあとは、十分にうがいを行う ★戸外遊びを多くして、走る、とぶ、登るなど、全身を使う ★当番活動を通して、簡単な手伝いを喜んでする ★親子遠足で自然や動物に触れ、親子の関わりを楽しむ	■パンツやズボンを全部脱がずに排泄し、あとの始末も自分でできるようにしていく ■保育者に手伝ってもらいながら、自分の身の回りのことは一人でできるようにする ★手や指を使う遊びを楽しむ ★生活に必要な簡単な言葉を聞き分け、様々な出来事に関心を示し、言葉で表す ★身の回りの形や色、数などに関心を持つ
●身の回りの小動物や植物、事物などに触れて、それらに興味や好奇心を持ち、探索や模倣などをして楽しむ ●落ち葉や木の実を拾ったり、イモ掘りをしたりして、秋の自然と触れ合って遊ぶ ●リズム遊びや運動遊び、表現遊びを楽しむ ●保育者と一緒に簡単なごっこ遊びをするなかで、言葉のやり取りを楽しむ	●顔をふく、手を洗う、鼻をかむ、歯をみがくなどを、自分でやってみる ●散歩などを通して、冬の自然に触れる ●少し長いストーリーのある絵本や紙芝居に興味を持ち、見たり聞いたりすることを喜ぶ ●簡単な描画材料を使って、切る、丸める、貼るなどの、造形遊びをする
●体調や気候に合わせて衣類の調節をしながら、薄着の習慣をつけていく ●歌やリズムに合わせて体を動かすことを好むので、好む歌の歌詞、曲を正しく表現できるように配慮する	●話したい気持ちが高まっても十分に言葉で表現できないときは、子どもの気持ちを受け止めながら、言いたいことを言葉で代弁し、表現ができた満足感が味わえるようにしていく
●いろいろな行事に参加してもらい、親子の触れ合いや地域との関わりの大切さ、子どもの成長に気付いてもらう	●子どもの行動や言葉は先取りしないで、ゆとりを持って子どもの意欲を育てていくことを伝える ●保育参加会や個人面談を行い、進級に向けての話をして、安心して進級できるようにする
●身体測定、避難訓練、親子遠足、運動会、歯科検診、内科検診、生活発表会、もちつき会、お楽しみ会（誕生会・集いなど）	●身体測定、避難訓練、どんど焼き、新年の集い、保育参加会及び個人面談、作品展、豆まき、お別れ遠足、卒園進級お祝い会、お楽しみ会（誕生会・集いなど）

『プリプリ4月号別冊付録 指導計画のヒント』世界文化社、2011

表4　月間指導計画の例―2歳児6月の計画

目標	●清潔な環境を保ち、梅雨期の健康に注意する ●安心できる保育者と一緒に、遊ぶ楽しさを味わう	●梅雨の時期の小動物や水、砂や泥などの自然に親しむ
子どもの姿	㊥衣服の着替えや水分補給、手洗いなどをこまめにする ㊙気の合う友達同士で一緒に遊ぶ半面、自分の思いを通そうとしてぶつかることも多くなる	㊱梅雨期の小動物や自然に興味を持つ ㊨保育者や友達の言葉を理解するようになり、自分の思いも伝えようとする ㊤リズムに合わせて表現することや、体を動かして遊ぶことを楽しむ

㊥…健康　㊙…人間関係　㊱…環境　㊨…言葉　㊤…表現

週	1週	2週
ねらい	❶手を正しく洗うことで、きれいになった心地よさを味わえるようにする ❷戸外活動を楽しむ	❶生活のリズムが整うようにしていく ❷リズム遊びを楽しみながら、体を動かす
★教育（健康・人間関係・環境・言葉・表現） ■養護（生命の保持・情緒の安定）	■石けんを使うことに興味を持ち、進んで洗えるようにする ■保育者に誘われてトイレで排泄したり、オムツの中に出たことを知らせたりする ★ブロックや積み木を重ねて、自分がイメージしたものに見立てて遊ぶようになる ★天気のよい日には散歩に出かけたり、園庭でのびのびと遊んだりして過ごす	■一人一人の生活リズムを大切にしながら、生活の流れが整うようにしていく ■尿意を知らせ、自分からトイレに行けるように援助する ★順番を待つことや、おもちゃの貸し借りが少しずつできるようになる ★保育者や友達と一緒に、ままごと遊びなど生活再現遊びを楽しむ ★リズムに合わせて表現し、体を十分に動かす
子どもの活動（自然・音楽・造形・言語・運動）	●田や畑に植えられたイネや、野菜が育つ様子を見ながら散歩を楽しむ ●園庭でアリやダンゴムシなどを探し、見たり触れたりする ●ブロックや積み木を重ねて自分のイメージしたものをつくり、見立てて友達と見せ合って遊ぶ	●一日の生活の流れがわかるようになり、一人でできることはやろうとする ●ピアノやカスタネットなどの楽器に合わせ、体を動かして表現することを楽しむ ●自分が覚えた言葉や保育者の言葉などをまねしながら、ごっこ遊びを展開していく
健康・安全・食育	●手が汚れたら洗うなど、清潔に対する習慣が身につくようにする ●紙芝居などから虫歯に対しての知識を得て、歯みがきやうがいの大切さを知る	●手洗いのあとや食後には、タオルでしっかりと手や口をふき、清潔にする ●気温に合わせて衣服の調節をする
環境構成と援助	●保育者が仲立ちとなり、お互いの気持ちを伝え合いながら関われるようにして、思いやりの心を育む ●天候に合わせて衣類を調節していく	●気温の変化が大きく湿度も高くなる時期なので、室内の温度や湿度の調節に配慮する ●活発な活動のあとは、適切な休息や水分補給を行う
保育に対する自己評価	●手洗いでは、一人一人が丁寧に洗うため時間がかかり、待つことが多くなってしまった。戸外活動は天気に左右されたが、時間配分を工夫して、戸外で遊べるようにすることができた	●トレーニングパンツで過ごす子が増えたため、トイレトレーニングに時間を取られて、落ち着かないこともあった。排泄時に援助の仕方を工夫する必要があった

監修　椛沢幸苗（中居林保育園園長）、プラン作成　和田初江先生（竜南保育園）、イラスト　みやれいこ

あきらくん（2歳4か月）	●保育者や友達の名前を覚えて呼んでいる ●アルファベットに興味を持ち、服に文字がかかれているとまわりの子に見せている ●ほかのクラスの保育者とも関わることができる
ほくとくん（3歳1か月）	●名前を呼ばれると、「元気です」と返事をしている ●気の合う友達と遊んでいるが、その友達が休んでしまうと元気がなくなってしまう

保護者支援

- 流行性の感染症について知らせ、予防策や対応策を伝える
- 汗をかきやすい時期なので、着脱や調整をしやすい衣服を多めに用意してもらう
- 保育参加や参観を通して、園での生活の様子を経験してもらう

3週	4週
❶安全な環境のなかで、好きな遊びや場所を見つけて遊べるようにする ❷梅雨期の小動物や自然に親しむ	❶汗をかいたらシャワーを浴び、快適に過ごせるようにする ❷泥んこ遊びや水遊びを楽しむ
■汗をかいたらべたべたすることを感じ取り、着替えるなどして気持ちよさを味わえるようにする ■ケガや事故のないように、一人一人の遊びや行動を把握し、見守るようにする ★簡単な衣類は、手伝ってもらいながら自分で着脱できるようになる ★友達とのぶつかり合いを通して、相手にも同じ思いがあることを知る	■汚れを気にせず、夏の遊びを十分に楽しめるようにする ★絵の具やのりなどの使い方を経験しながら、七夕飾りの製作を楽しむ ★子どもが気付いたこと、伝えたいことなどを、保育者に話しやすい雰囲気をつくり、言葉を引き出していく ★七夕祭りなど、季節の行事を楽しみに過ごす
●絵本や紙芝居などから、カタツムリやカエルなどの小動物を知り、園庭や散歩の途中などで探索活動をする ●飼育しているカタツムリやザリガニなどにえさをあげたり、様子をまねたりして遊ぶ ●保育者や友達と一緒に、集団で遊べるわらべ歌などを楽しむ	●新聞紙や粘土などの素材を使って、丸めたりちぎったりして感触を楽しむ ●泥んこ遊びや、バケツやペットボトルを使った色水遊びを楽しむ ●盆踊りを楽しみにしながら、夏祭りへの期待を持つ ●自分の思いを言葉で伝えながら、保育者や友達と仲よく遊ぶ
●食事の準備や片付けを、自分でやろうとする ●汗をかいたら着替えるなど、快適に過ごせるようにする	●野菜の水やりなどをしながら生長を観察し、食べることへ関心を高めていく ●汗をかいたらシャワーを浴びて、体を清潔にしていく
●子どもたちの身近に絵本を置いたり、園内の小動物に子どもたちが気付くように導いていったりする ●雨の日も体を動かして遊べるように、スペースを確保する	●一人一人の様子を見守り、トイレに誘ったり、自分から知らせてくるのを待ったりする ●戸外活動では日差しに注意し、水分補給をする
●室内で遊ぶことが増えると、特定のおもちゃに人気が集まり、取り合うことが増えるため、おもちゃの種類を増やしてコーナーに分けて遊べるようにした	●先にシャワーの気持ちよさを知らせたことで、子どもたちから「気持ちがいいね」という言葉を聞くことができた ●泥んこ遊びなどでは、保育者が一緒に楽しむことで子どもたちも汚れを気にせず遊ぶことができた

『プリプリ4月号別冊付録 指導計画のヒント』世界文化社、2011

表5　3歳未満児の指導計画の例

子どもの姿	・今まで過ごした家庭での生活リズムや保育した人の思いを受け止め、24時間がスムーズに流れるように、保育所での援助をする。 ・保育所の担任に早く慣れるように、朝・夕の受け入れにも配慮する。	家庭との連携	（健康）母子健康手帳などの記録を基に既往歴・予防接種を知る。またアレルギーの特徴を知る。 （食育）ミルクの種類、離乳食の段階、くせや好みなどを知り、家庭との差を少なくする。 （安全）出生時の状況、これまでの成長発達の様子を知る。安全な生活が送れるように、保育環境をチェックする。

	子どもの姿	保育の内容（ねらい）	環境構成（配慮）	保護者への支援
A夫（4か月）	・起きている時間が多くなり、あやしを喜ぶ。 ・授乳後のゲップをうまく出す。少し飲みが速い。 ・午前、午後2度寝る。 ・腹ばいにすると足をバタバタさせて喜ぶ。	・感覚遊びを喜ぶ、さわやかな音、ラッパを楽しむ。 ・ぐっすり寝られるように出入口から離す。	・ガラガラ、おしゃぶり、ラッパなどを手の届くところにおく（他児が使ったらすぐふくようにする）。 ・寝るときは、やさしくトントンをする。	・3、4か月で乳児健診がある。必ず時間を見つけて健診に行くように話す。 ・ベビーカーでは、必ず安全ベルトをかけるように伝える。 ・起きているときは、声かけをするように話す。
B子（8か月）	・腹ばいでほふく前進しだす。 ・人見知りでほかの保育者を見ると泣く。 ・離乳中期、とても喜んで食べる。	・保育者と遊ぶことを楽しむ。 ・人見知りをしたとき、抱きしめて安心を伝える。 ・ことばかけをして、単語の数を増やすよう心がける。	・気に入らないと大声で長泣きすることがある。スキンシップを多くもち、早めに落ち着かせる。放置することのないように配慮する。 ・絵本、手作りの玩具を用意し、ナイナイと片づけも遊びとして行う。	・腹ばいを始めたら家でもハイハイできるよう空間を工夫してもらう。 ・人見知りは知的発達であることを知らせる。 ・離乳中期から好みが出てくる。おいしくつくるように伝える。
評価・反省		家庭連絡		

表6　部分指導案の例

子どもの姿	・朝、園に来ると砂場にしゃがみ込み動かなくなる。 ・蛇口に手をのばし「あーあ」と声をあげる姿をよく見かける。 ・口数は多くなく視線で訴えてくることが多い。 ・昼食時くつを履きたがる。「スプーンと交換しよう」と言ってスプーンを渡すとくつを放す。	日時	20○○年9月11日（○）午前9：00～10：15
		対象児	1歳児　男3名　女3名　計6名
		ねらい	・砂場で好きなことをとことん楽しむ ・季節のものを感じる
		主な活動内容	砂場遊び（泥・水遊び）

時間	環境構成	予想される子どもの活動	保育者の活動と援助の留意点
9：00	・リュックに着替えを入れておき、砂場の近くのわかりやすい場所に置いておく。 ・くつ、くつ下を脱ぎ、裾はまくる。子どももはだしになる。（傷がないか調べる） ・バケツややかんを用意する。	・砂場に座って、砂をたたく。 ・水を見るとうなずく。 ・水でぬれた場所を手で混ぜ、ときどき保育者を見る。 ・泥だんごを手に取り、落として遊ぶ。	・子どものとなりに座り様子を見る。「お砂だね、何かいいものつくろうか」などと声をかける。 ・バケツややかんに水を用意し「お水ですよ、いりますか」などと声をかけ、子どもの了解を得てから水を流す。 ・子どもが遊ぶ様子をとなりで見ながら泥だんごなどを作る。「おいしいおだんごができた」などと言い、食べるまねをする。 ・子どもが持ちやすい大きさで泥だんごをつくり、手渡して遊ぶ。落として崩れたら「崩れたね、もう1コつくろうか」などと楽しみながら声をかける。
9：30	・落ち葉や小枝を拾ってきて子どもの見える場所に並べる。 ※子どもの遊びの妨げにならないようにする。 ・固まりになった砂を使って遊ぶ。	・バケツを手にとり、泥を入れたり出したりする。 ・枝を持って泥を混ぜたり、葉っぱをつついて「うっ」と声をだす。 ・ちょうちょを指さし、保育者を見る。「ちょうちょ」と小さく声を出す。 ・また泥をこね始める。 ・ちょうちょが来るたび指をさし、声を出す。	・おしっこ、うんちが出ていないか確認する。おしっこならばパンツとズボンを換える。 ・落ち葉などを拾ってくる。子どもが見えるところ、手が届くところに並べる。 ・「ちょうちょだね、ちょうちょさーん」とちょうちょに手を振る。ちょうちょの歌を歌う。 ・「○○ちゃんのつくっているのは何だろう」などと声をかける。水が乾いて少し固まりになった砂を「魔法の粉はいりますか」などと声をかけ、子どもがうなずくようなら指でつぶし泥だんごに振りかける。
10：00		・保育者と水道まで移動する。 ・蛇口の水に手をのばしたり、じっと見つめたりする。バケツに水をため、その中に手をひたすなどして遊ぶ。	・区切りをつけて「お部屋に戻ろうか」などと声をかける。
10：15	・乾いたきれいなタオルを用意する。	・着替えをする。	・服を脱がせて水道で全身を洗う。乾いたタオルでよく水気を拭きとる。 ・替えの服を用意し、着替えを手伝う。 ・泥のついた服は水道でもみ洗いする。

第6章　保育の計画と記録

表7　保育所のデイリープログラムの例（0歳児）①

時間	子どもの活動			
	第Ⅰ期（1〜3か月）	第Ⅱ期（4〜6か月）	第Ⅲ期（7〜9か月）	第Ⅳ期（10〜15か月）
7：30	登園 ・健康観察 ・検温を受ける おむつ交換 ・ベットの中で遊ぶ 午睡	登園 ・健康観察 ・検温を受ける おむつ交換 ・自由遊びまたは午睡	登園 ・健康観察 ・検温を受ける おむつ交換 自由遊び（室内）	登園 ・靴の置く場所がわかる ・健康観察 ・検温 おむつ交換 自由遊び（室内）
9：00	（40分〜60分） 目覚め おむつ交換 ・手や顔をきれいにしてもらう	・自由遊び おむつ交換 ・手や顔をきれいにしてもらう	おむつ交換 ・手や顔をきれいにしてもらう	・保育者と一緒に片付ける おやつ ・おしぼりで手や顔をきれいにしようとする ・促して挨拶する
10：00	授乳 ・ミルクを飲ませてもらう おむつ交換 乳児体操(マッサージ) 遊び 外気浴 沐浴（夏季のみ） ・湯茶を飲ませてもらう	離乳食（5〜6か月：離乳初期） ・保育者が挨拶の声をかける ・離乳食を食べさせてもらう ・ミルク飲ませてもらう おむつ交換 乳児体操 午睡	離乳食（離乳中期） ・促して挨拶する ・離乳食を食べさせてもらう ・ミルクを飲ませてもらう おむつ交換 自由遊び ・湯茶を飲む	・コップでミルクを飲む おむつ交換 遊び（戸外・室内） ・帽子をかぶせてもらう ・保育者と一緒に遊ぶ
11：00	おむつ交換 午睡		午睡	・保育室に入る おむつ交換 ・手や顔をきれいにしようとする 離乳食（離乳後期・完了期） ・促して挨拶する ・スプーンを使おうとする ・コップを持ち湯茶を飲む おむつ交換 午睡 ・自分の布団で眠る
12：00	目覚め おむつ交換 ・体を拭いてもらう 遊び ・保育者に相手をしてもらって遊ぶ	目覚め おむつ交換 ・体を拭いてもらう 外気浴 ・湯茶を飲ませてもらう ・自由遊び（室内） おむつ交換	目覚め おむつ交換 ・体を拭いてもらう 自由遊び	

保育者の活動と配慮			
保育者の業務分担			一般的配慮事項
A・Bの複数保育者で受け持つ場合の業務負担			*受け入れ ・保育室の準備、清掃、換気、室温の調整。寝具の入れ替え遊具の安全点検をする。破損していないか、消毒もこまめにする。 ・一人一人の子どもを抱きながら明るく語りかけ、親に変わりないか問いかけ視診をする（目、顔色、皮膚、熱、睡眠、食欲、いつもと変わりないか、迎えの時間など）。連絡帳に目を通す。「いってらっしゃい」と送る。子どもと握手したり、ぎゅっと抱いてもらったりして、さらりと別れる。「よかったね、ママといっしょ」などと言って遊びに入れるように配慮する。 *おむつ交換 ・濡れたら取り換える。話しかけたり、好きな軽いぬいぐるみをもたせる。 ・ていねいに拭き、すばやく取り換える。「さっぱりしたね」などと話しかけ、楽しく安全に交換する。また、便の状態も記録し、異常がみられたら園医に相談する。 ・月齢の低い子や皮膚の弱い子は、布おむつが望ましい。おむつかぶれの予防に努め、かぶれのある子はケアに注意をはらう。ひどいときは医者にみせる。 *おやつ ・手や顔をていねいに拭く。おしぼりは顔をすべて覆わないように半分ずつ拭く。果物、ミルクなど、昼食にひびかない量を与える。 *遊び ・保育者が体を使って遊びを楽しくする。 ・遊びを通して全身の運動発達をうながす。また遊具でハイハイを励ましたりする。天気のよい日は戸外で遊ぶ。帽子をかぶせたりして、紫外線の浴びすぎに注意する。 ・機嫌の悪い子は、検温したり抱いたりして安定をはかるように心がける。 ・絵本、ぬいぐるみ、積み木、ボールなどを使って遊びの楽しさを知らせる。保育者は、感嘆、感動、共感、容認、激励をわかりやすい言葉で惜しみなく発する。「すごーい・ステキー・やったー・じょうず・成功・がんばって・よかったね」など、笑顔で接する。遊びの中でも子どもは目で訴えることがある。小さな変化も見逃さないようにする。それは、一人一人とよく遊ぶことにより把握できるようになる。	*授乳 ・一人一人の状態に合わせる。顔や手を拭き、ほふく室などの静かな部屋で与える（他児が一緒だと気が散る子には、その子に合った方法をとる）。 ・保育者も椅子やクッションなどで、腰痛防止に心がける。 ・母乳を与えているような抱き方で、笑顔であやしたり、話しかけたりする。 ・時間、量を記録し、乳首の調節をする。 ・授乳後は縦に抱き排気を十分にする。その後しばらく抱き、すぐに寝かさないようにする。窒息などの事故防止のため、大切なことである。 *離乳食 ・離乳食は初期・中期・後期・完了期の４段階で進められる。一人一人の段階に合った方法を別途計画する。栄養士、調理師、看護師、保育士がきめ細かく打ち合せる。 ・落ち着いた雰囲気をつくり、集中して与える。はじめは抱いて与えるとよい。 ・新しい食品は一品一匙を基本とする。食欲、機嫌、便の状態をみて進める。下痢などの症状がみられたら、段階を下げたりして様子をみる。 ・離乳食は、新鮮な食材を使い自然の旨味を薄味で自然出汁の作りたてを与える。 ・楽しく・美味しく・何でも・よく噛める、食習慣を身につける。手づかみ、こぼしなどは発達の過程のため、認めることも大切である。 ・食べ物で遊んだり、遊び食べは、その都度言葉かけをしたり、行動をかえたりの配慮をする。「もう、ごちそうさま？」などと言いながら。 ・食事の途中で眠くなる子もいるが、どちらの欲求を優先するかの判断は、その日によって異なる。一人一人の生活のリズムをとらえて無理強いしない（大人の都合を優先しない）。 ・偏食の矯正は調理法をかえたりする。無理やり与えたりすると食事を喜ばない子どもになる（今、食事を喜ばない子どもが増えている）。 ・摂取量や時間などを記録しておくこと。食事の状態は体調と関係が深いので、いつもと違っていないかよく見ておく。
A	B		
・一人一人の子どもに朝の挨拶をし、明るく語りかける ・連絡帳の確認 ・調乳予定表作成 ・調理室に出席人数報告 ・哺乳びんの消毒 ・調乳 ・手拭きの準備			
・おやつの介助 ・後片づけ ・連絡帳記入 ・遊びの相手〔Ⅰ・Ⅳ期〕	・授乳の介助〔Ⅰ・Ⅱ期〕 ・おむつ交換 ・午睡準備、介助〔Ⅱ・Ⅲ期〕 ・連絡帳記入		
・乳児体操、マッサージ、外気浴、沐浴の介助〔Ⅰ・Ⅱ・Ⅲ・Ⅳ期〕			
・離乳食の介助〔Ⅱ・Ⅲ・Ⅳ期〕	・離乳食の準備 ・離乳食の片づけ		

表7　保育所のデイリープログラムの例（0歳児）②

時間	子どもの活動			
	第Ⅰ期（1～3か月）	第Ⅱ期（4～6か月）	第Ⅲ期（7～9か月）	第Ⅳ期（10～15か月）
13：00	おむつ交換 ・手や体をきれいにしてもらう 授乳 ・ミルクを飲ませてもらう	沐浴（夏季のみ）	おむつ交換 自由遊び 沐浴（夏季のみ） おむつ交換 ・手や顔をきれいにしてもらう	
14：00	午睡	おむつ交換 ・手や顔をきれいにしてもらう 授乳 ・ミルクを飲ませてもらう おむつ交換 午睡	離乳食 ・促して挨拶する ・離乳食を食べさせてもらう ・ミルクを飲む おむつ交換 午睡	目覚め おむつ交換 ・体を拭いてもらう ・検温を受ける 沐浴（夏季のみ）
15：00	目覚め おむつ交換 ・検温を受ける ・体を拭いてもらう			おやつ ・手や顔をきれいにしようとする ・促して挨拶する ・一人でおやつを食べる ・コップを持ち温茶を飲む
16：00	授乳 ・ミルクを飲ませてもらう ・ベット内で遊ぶ おむつ交換	目覚め おむつ交換 ・検温を受ける ・体を拭いてもらう 自由遊び おむつ交換	目覚め ・検温を受ける ・体を拭いてもらう 自由遊び おむつ交換	自由遊び ・保育者と一緒に遊ぶ おむつ交換
16：30	・健康観察 降園準備 ・身支度をしてもらう	・健康観察 降園準備 ・身支度をしてもらう	・健康観察 降園準備 ・身支度をしてもらう	・健康観察 降園準備 ・身支度をしてもらう
	順次降園	順次降園	順次降園	順次降園
18：30				
19：00	全員降園	全員降園	全員降園	全員降園
22：00	夜間保育の園もある	夜間保育の園もある	夜間保育の園もある	夜間保育の園もある

保育者の活動と配慮		
保育者の業務分担		一般的配慮事項
・おむつ交換 ・午睡の準備、着替え、介助〔Ⅳ期〕 ・連絡帳記入 ・遊びの指導 ・午睡の介助〔Ⅰ期〕 ・授乳、おやつ介助 ・おむつ交換 ・午睡の介助〔Ⅱ・Ⅲ期〕	・調乳〔Ⅰ期〕 ・Ⅰ期児の授乳準備、介助 ・おむつ交換 ・沐浴の介助〔Ⅱ・Ⅲ期〕 ・連絡帳記入 ・調乳〔Ⅲ・Ⅳ期〕 ・おむつ交換 ・検温〔Ⅳ期〕	＊午睡 ・前日家庭で睡眠不足などの状態のときは、その子に合わせて寝かす。とくに休み明けは生活のリズムが乱れることがある。 ・寝るときは寝巻に取り換える。裸になったときにスキンシップをこころがけ、また皮膚の異常を発見したりする。寝室には必ず保育者がいること。 ・寝付いた後、寝汗をかくのでタオルで拭き取る。夏は薄いタオルを入れ、ときどき取り換える。寝つきの悪い子には添い寝をしたり優しく撫でたりして心地よく眠れるように配慮する。検温をする（耳の体温計は短時間で計れるので乳児には欠かせないものである）。 ・目をさましたらすぐ抱き締めて、「いっぱいねんねできたね」と優しく対応する。夏はシャワーを軽く浴びさせさっぱりして離乳食やおやつにする。 ・時間を個人記録に記入する。 ・室温は温度計・湿度計で適温を保つ。	＊長時間保育への配慮 ・保育時間が年々長くなってきている。 ・疲れないように遊びは動・静的なものをとりいれたり、騒音から逃れさせたりする。段ボールや仕切りで一人遊びを楽しませたりする。 ・日が暮れてくると子どもたちが、落ち着かなくなるので、仕事は減らして、たくさん遊ぶように心がける。 ・保育者の交代や帰宅はさり気なく行う。具合の悪いときは必ず担当者が関わることが望ましい。 ・混合保育では安全に留意する。危険から守る。 ・顔・手・足の汚れや異常がないかよく調べる。朝と同じ状態で帰るのが当たり前である。怪我、引っ掻き傷など直接親に謝る。「お帰りなさい」と迎え、親に手渡す。さわやかに「また、あしたね。バイバイ」と見送る。 ・着替えや連絡帳などを渡す。 ・時間・誰がなど、記録簿に記入する。 ・約束時間が少し遅れたぐらいで、苦情を言わないようにする。 ・最後の子どもが門を出終えてから、戸締まりや消灯をする。親は追い立てられているようで不快になる。
・おやつの準備 ・おやつの介助〔Ⅳ期〕 ・おむつ交換〔Ⅳ期〕 ・おむつ交換、検温〔Ⅰ期〕 ・授乳介助〔Ⅱ・Ⅲ期〕 ・遊びの指導 ・おむつ交換	・沐浴の介助〔Ⅳ期〕 ・調乳〔Ⅰ期〕 ・授乳介助〔Ⅰ期〕 ・おむつ交換 ・検温〔Ⅱ・Ⅲ期〕 ・授乳準備〔Ⅱ・Ⅲ期〕 ・おむつ交換 ・おやつ、授乳後の後片づけ	＊沐浴 ・夏は、午前、午後2回位入れる。 ・検温して、食後、空腹時を避ける。 ・沐浴に必要なものを準備してから入れる。 ・お湯の温度は温度計で計る。夏：38℃、冬：40℃。子どもの好みの温度を知っておくことが大切である。 ・沐浴布をまとい、顔・頭・体を洗う。石けんで滑らないようにし、耳に水を入れないよう指、腕でふさいで入れる。 ・浴槽に落としたりすると沐浴を嫌がる原因になる。話し掛けながらゆったり入れる。 ・体調が悪いときなどは沐浴を避け、体を拭くことを忘れないようにする。下痢時は特におしりを石けんを付けて洗うようにする。 ・沐浴後はよく拭き取り水分を補給する。	＊降園 ・一人一人丁寧にチェックする。 怪我をしていないか。 発熱はないか。 顔・手・足の汚れはないか。 服装は整っているか。 忘れ物はないか。 ・連絡帳を最終的に記入し、点検する。 ・汚れた衣服の整理と持ち物の確認をする。 ・その日の子どもの様子について保護者と話す。 ・延長保育児は、担当保育者に引き継ぐ。 ・迎えのあった子どもに「さようなら」と声をかける。 ・迎えの人に直接渡す。
・遊びの相手 ・降園準備 ・個別チェック ・保護者への引き継ぎ	・遊びの相手 ・降園準備 ・個別チェック ・保護者への引き継ぎ	＊健康状態のチェック ・元気はどうか。 ・機嫌はよいか。 ・いつもと変わらないかどうか。 ・異常はないか（顔色・目・皮膚・耳・咽の状態、熱の有無）。 ・食欲は通常どおりか。 ・排便は正常か。	

第6章 保育の計画と記録

表8　保育所のデイリープログラムの例（1・2歳児）

時間帯	1歳児	2歳児
7:30～8:30	・登園,保育者による視診［目、肌、熱］ ・おむつ交換・持ち物整理・検温（保護者） ・連絡帳調べ、家庭から園へ引き継ぎ	・登園,保育者による視診［目、肌、熱］ ・持ち物整理（保護者）、排泄 ・連絡帳調べ、家庭から園へ引き継ぎ
8:00	・自由遊び（室内）保育者と遊ぶ （大型遊具の遊び、ブロック、ボール、音の出る玩具で遊ぶ、絵本を読んでもらうなど） ※日々、玩具は取り替える	・自由遊び（室内）友だちと遊ぶ （大型遊具の遊び、ごっこ遊び、絵本を読んでもらう、CDなどを聞く、歌遊びなど） ※日々、玩具は取り替える
9:30	・おやつの準備（排泄・手洗い） ・おやつまたは牛乳 ・排泄　※おむつ交換、異常がないか確認する ・戸外活動（雨天時には室内遊びに切り替える） ・健康増進のための活動（外気浴、散歩など） ※夏帽子　冬一枚はおる	・おやつの準備（排泄・手洗い） ・おやつまたは牛乳 ・排泄…一人でパンツを脱ぐ ・手洗い…自分でていねいに ・戸外活動（雨天時には室内遊びに切り替える）動的な遊び ・健康増進のための活動（外気浴、散歩など） ※夏帽子　冬一枚はおる
11:00	・湯茶（水分補給） ・シャワーまたは湯で清拭 ・昼食準備（排泄、手洗い、手拭き、エプロンがけ） ・昼食 ※食欲、食べ方に注意をはらう ・午睡準備（おむつ交換、パジャマに着替える） ※肌などの異常を視診	・湯茶（水分補給） ・シャワーまたは湯で清拭（夏季） ・昼食準備（排泄、手洗い、手拭き、エプロンがけ）友だちと待ちながら ・昼食 ※食欲、食べ方に注意をはらう ・午睡準備（排泄、パジャマに着替える） ※肌などの異常を視診
12:30	・午睡 ※寝つきの様子、寝汗を拭く、保育者が必ず1名付き添う	・午睡 ※好きな玩具をもってベットに、保育者が必ず付き添う。
14:30	・起床、排泄 ※保育者に着替えさせてもらう	・起床、排泄 ※寝巻をたたみ衣服を着替える
15:00	・おやつ ・自由遊び（室内、手遊び、感覚遊び、室内大型遊具の遊びなど） ・適宜排泄、おむつ交換	・おやつ ・自由遊び（戸外または室内、固定遊具、大型遊具、感覚遊具、絵本、ブロック、ままごとなど） ・適宜排泄　手洗い
16:30	・迎え順に排泄して降園（保育者は保護者に直接引き渡す） ・連絡帳を渡す、園から家庭へ引き継ぎ	・迎え順に排泄して降園（保育者は保護者に直接引き渡す） ・連絡帳を渡す、園から家庭へ引き継ぎ
17:30～18:30	・延長保育児におやつまたは牛乳 ・排泄 ・遊び	・延長保育児におやつの世話をする ・排泄 ・遊び
19:00	・夜間保育（22:00まで）	・夜間保育（22:00まで）

(3) 保育実践

　全体的な計画を指導計画に基づいて具体的に実践し、記録し、評価・反省して次の立案に生かすのである。乳児は月齢差、個人差、環境差、育児歴の違いがあるため、よりよい子どもの成長発達の援助することの難しさがある。保育経験が長くても、困難なことであろう。保育者は立案しては見直し、柔軟な方法で実践することが大切である。

　保育者にも得手・不得手があり、また子どもとの微妙なフィーリングが合わないこともある。職員間の保育観のズレなども出てくるため、会議を重ね意見交換をしあって、一人一人の子どもの理解に努めていく必要がある。保育は、「子どもが主役」であることを忘れないことも重要である。

　0歳児の受け持ち人数は3：1、1・2歳児は6：1で担当することになる。子ども一人一人の指導計画を立案するには多くの時間を要することになる。それらの参考になるのは、日々の子どもの個人記録が立案の基礎となる。客観的な分析をしながら、情報機器などを駆使して効率的に進めていきたい。

計画した保育を実践する

3 さまざまな保育記録

子どもの成長発達をよりよくするために、**保育記録**には重要な役割がある。保育者は、正確・敏速に、記録していく必要がある。記録はなるべく時間をおかず、客観的に具体的に要点をおさえて第三者が読みやすくわかりやすいものが望ましい。その他に児童票・健康記録、避難訓練記録などもある。保育者の事務作業はとても多い。

(1) 個人記録

乳幼児の発達は、日々刻々と変化しているのである。それらを見逃さず客観的に記録する必要がある。

行動が目立つ子どもと、そうでない子どもも公平に記録してほしいと考える。変化が見られたとき、ほほえましい事柄などをメモ帳にすばやく記入しておくようにしたい。いつでも記録できるよう筆記用具とメモ帳は、衣服やエプロンなどのポケットに入れておくのもよい。ペンは小さく安全なものを選び、メモ帳に記録しておけば、あとで記憶を頼りに記述する必要はなく、記録作成に時間をかけなくてすむことになる。

また新任の保育者は、先輩のやり方を参考にしながら、記録が苦にならず楽しい保育記録・育児記録にしてほしい。

図1 乳児クラス（0〜2歳児）の個人記録（様式の参考例）

児童名( )		年　月　日生(歳 か月)	園長印
月 日	人とのかかわり・自己の育ち	生活（食事・睡眠・健康）	遊　び
／ 月 記録者 ( )		食事 睡眠 健康	

加藤敏子・岡田耕一編著『保育の計画と評価を学ぶ』萌文書林、2018、P.155より作成

（2）連絡帳

連絡帳は、子どもの保育所での生活の姿を保護者に伝える大切なものである。3歳未満児は、昼の出来事を親に伝えることは困難なため、とくに重要なものといえる。詳しく子どもの生活を伝えることで、保育所と保護者との間に信頼関係を結ぶことができる。

保護者は、保育所で子どもが1日をどのようにすごしたのかを知りたくてワクワクしながら連絡帳を開く。その日のエピソードを交えつつ、子どもの成長が見えるように記入したい。

保育者にとって連絡帳の記入は、かなりの時間を要する作業になるが、機械的にならないよう工夫したいものである。また、連絡帳は保護者の手元に残るものとなるため、記述には正確を期したい。

図2　連絡帳の例

○月　○日　月曜日　天気　はれ　（9か月）

	家庭より	園より
食事（量・内容）	夕食　19：00　（ミルク　100CC） うどん、煮魚、ブドウ5粒 朝食　7：30　（ミルク　80CC） パン1枚、トマト	10：40　（ミルク　50CC） クッキー2枚 11：30　（ミルク　50CC） 離乳中期、ごはん、玉子焼、野菜スープ 15：00　（ミルク　50CC） おやつ　おやき1枚
機嫌	前夜　普通・良・㊪ 今朝　㊪・良・悪	午前　普通・良・㊪ 午後　普通・㊪・悪
排便	前夜　㊪・軟・固　1回 今朝　普通・軟・固　0回	午前　普通・軟・固　0回 午後　㊪・軟・固　1回
睡眠	就寝　20：30　起床　7：00	午睡　9：30～10：30　13：30～14：30
検温	7：15　　37℃	3回　9：30、11：00、13：00　36.6℃
入浴／沐浴	㊲　無	有　㊺
子どもの様子・連絡事項	帰りは少しぐずりベビーカーに乗らず、おんぶして帰宅しました。食事の支度中もそばを離れず、ひさしぶりにおんぶして料理しました。食事もひざの上に乗って食べました。お風呂の後、鼻水が出たので検温したら37.5℃と微熱がありました。今朝は37℃でした。念のため薬を持たせました。今日は5時に祖母が迎えに行きます。 お迎え予定　　時　　分頃（　　　） 記入者　父・㊭・その他	午前中は少し元気がありませんでした。9：30から1時間ほど寝た後は食欲もあり平熱に戻っていました。薬は様子をみましたが、異常がなかったため（検温3回とも平熱）、控えました。お気に入りのくまのぬいぐるみを持って、お友だちのAちゃんと笑いあっていました。本日、園だよりと献立表を配布いたしました。 記入者　担任A

（3）保育日誌

保育日誌は、保育所での1日のねらい、活動など、立案に基づいて記録する。それは子どもの成長の記録にもなり、次の指導計画の基となるものである。その日に正確に記録する必要がある。保育所により、週の始めまたは週末に施設長（園長）に提出することになっている。

週間指導計画（週案）と日々の記録を一緒に記録することもある。

その他「園だより」「クラスだより」なども大切なものである。

（4）児童票

児童票（児童原簿）は、保育所に保管する必要がある。保育所に子どもが在籍している間はもちろん、自治体によって期間はさまざまだが、退所後もおおよそ6年間程度（小学校修了）を目処に保管することが義務づけられている（児童票の例はp.170を参照）。

保育を進める中で、子どもに変化がみられたとき、過去（前年度）の成長発達の記録や保育歴を参考にすることがある。担任の保育者は、成長の節に月・期ごとに記録することが望ましい。

実践した保育は記録する

図3 保育日誌の例

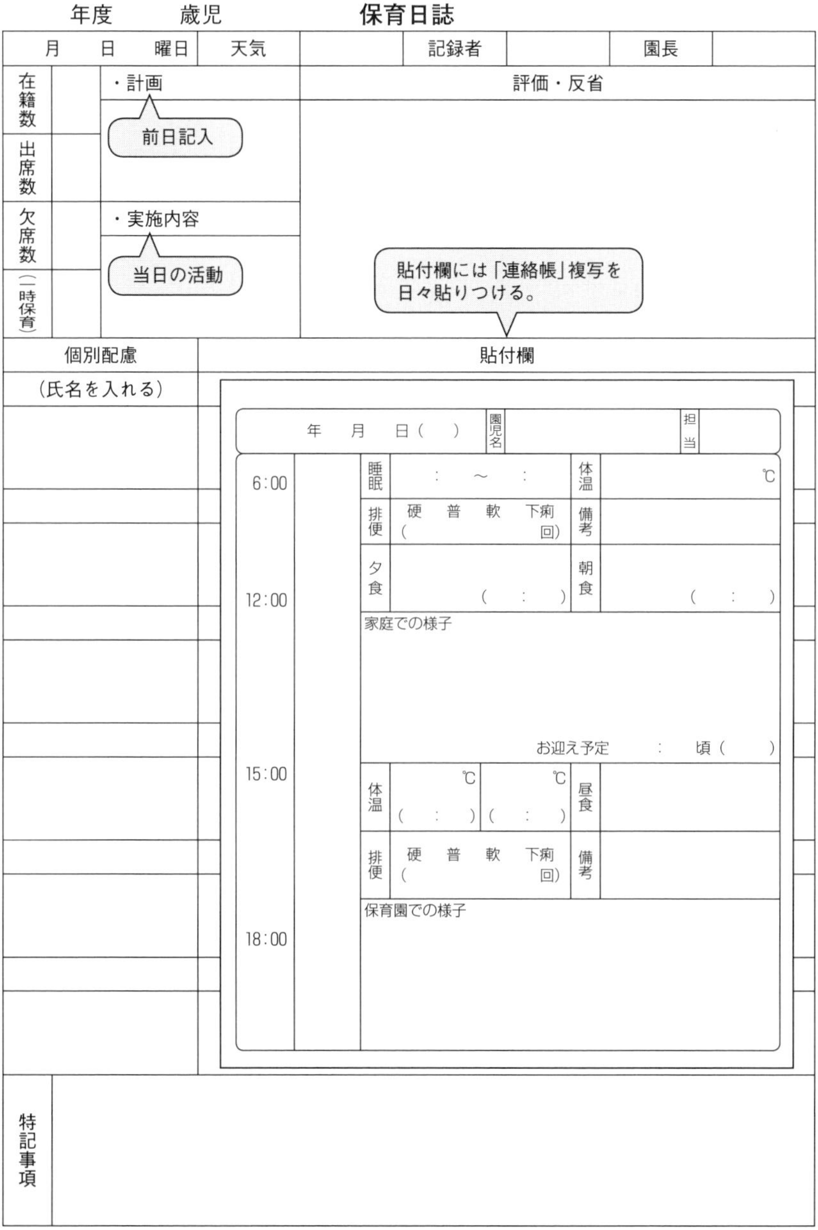

保育日誌

　　　年度　　　歳児

月	日	曜日	天気		記録者		園長	
在籍数		・計画　〔前日記入〕		評価・反省				
出席数								
欠席数（一時保育）		・実施内容　〔当日の活動〕		貼付欄には「連絡帳」複写を日々貼りつける。				
個別配慮（氏名を入れる）				貼付欄				

貼付欄内：
- 年　月　日（　）　園児名　担当
- 6:00　睡眠　：～：　体温　℃
- 排便　硬　普　軟　下痢（　　回）　備考
- 12:00　夕食（　：　）　朝食（　：　）
- 家庭での様子
- お迎え予定　：　頃（　）
- 15:00　体温　℃（　：　）　℃（　：　）　昼食
- 排便　硬　普　軟　下痢（　　回）　備考
- 18:00　保育園での様子

特記事項	

第6章　保育の計画と記録

図４　児童票

児　童　票（例）

<table>
<tr><td colspan="4"></td><td>園名</td><td></td></tr>
<tr><td rowspan="2">児童名</td><td>ふりがな</td><td rowspan="2">保護者氏名</td><td>ふりがな　　児童との続柄</td><td>入園</td><td>年　月　日</td></tr>
<tr><td>年　月　日生（男・女）</td><td></td><td>退園（理由）</td><td>年　月　日</td></tr>
</table>

<table>
<tr><td rowspan="4">住所</td><td rowspan="2">現在</td><td></td><td rowspan="4">緊急連絡先</td><td>住所</td></tr>
<tr><td>（電話　　）</td><td>電話</td></tr>
<tr><td rowspan="2">変更</td><td></td><td>氏名</td></tr>
<tr><td>（電話　　）</td><td>児童との関係</td></tr>
</table>

<table>
<tr><td rowspan="8">家族関係</td><td colspan="2">氏　名</td><td></td><td>勤務時間</td><td>通勤時間</td><td>健　康</td><td>備　考</td></tr>
<tr><td>父</td><td>年　月　日生</td><td></td><td>平日
土曜日</td><td></td><td></td><td></td></tr>
<tr><td></td><td></td><td></td><td>平日
土曜日</td><td></td><td></td><td></td></tr>
<tr><td>母</td><td>年　月　日生</td><td></td><td>平日
土曜日</td><td></td><td></td><td></td></tr>
<tr><td></td><td></td><td></td><td>平日
土曜日</td><td></td><td></td><td></td></tr>
<tr><td colspan="2">兄弟･姉妹･その他（同居人を含む）</td><td>性別</td><td>生年月日</td><td>健　康</td><td rowspan="2">入園前保育歴</td><td rowspan="2">学校安全会加入の有無</td></tr>
<tr><td colspan="2"></td><td></td><td></td><td></td></tr>
</table>

<table>
<tr><td>入園理由</td><td colspan="2"></td><td rowspan="5">家屋状況</td><td rowspan="5">自家・借家・社宅・借間
アパート（公団・公社
都営・民間）
便　所　　専・共
炊事場　　専・共
浴　室　　専・共
　　階　　　室
換　気　　良・不良
採　光　　良・不良</td><td rowspan="5">通園略図

通園所要時間　徒歩・自転車　　分</td></tr>
<tr><td>受託理由</td><td colspan="2"></td></tr>
<tr><td rowspan="3">階層区分</td><td>年度</td><td></td></tr>
<tr><td>年度</td><td></td></tr>
<tr><td>年度</td><td></td></tr>
</table>

<table>
<tr><td rowspan="2">園長印</td><td>年度～年度</td><td>年度～年度</td><td>年度～年度</td><td rowspan="2">担当者印</td><td>年度</td><td>年度</td><td>年度</td><td>年度</td><td>年度</td><td>年度</td></tr>
<tr><td></td><td></td><td></td><td></td><td></td><td></td><td></td><td></td><td></td></tr>
</table>

㊙個人情報

年　月	保　育　記　録		（保育者印）
平成20.6 （12か月）	（生　　　　活）	食欲が出てきた。とくに主食のご飯を喜ぶ。野菜、キャベツなど固いものが苦手。午睡の寝つきは早く、ミニカーを抱いて寝る。	
	（遊　　　　び）	ミニカーを並べて一人遊びに夢中、段ボールの中でごきげんである。二語文を話せるようになった（「ブーブ、チュキ」など）。	
	（人との関わり）	Aくんが登園すると笑顔で迎える。B保育者の姿を見ると半ベソをかく（人見知り）。膝に乗せると喜ぶ。絵本を小脇に抱えて私の膝にちょこんと座る。	
平成20.8 （14か月）	（生　　　　活）	ハイハイから歩くようになり、行動範囲が広がった。「じょうずに歩けるね」と声をかけると満面の笑みをみせる。	

演習課題

1 指導計画を実際に立案してみよう。（月案・週案・日案）

2 0・1・2歳のいずれかを選び、生活または遊びの個人計画を立案してみよう（30分位）。

参考文献

・厚生労働省編『保育所保育指針解説』フレーベル館、2018
・『保育実習の手引き』聖徳大学、2011
・千羽喜代子編著『〈新訂〉乳児の保育』萌文書林、2008

第7章

乳児保育の今後の課題

　現代、乳児の育つ家族には、核家族化、少子化などにより、家庭の育児機能の弱体化がみられる。また社会環境も様変わりし、安心して遊べる場が少なくなっている実態がある。近隣関係も希薄化し、気楽に子どもの相談がしにくいという現状もある。親の子育て不安が、子どもの尊い命を奪う虐待につながるケースも少なくはない。それらを防止するためにも子育てを社会全体で支援する必要がある。これからの乳児保育について考えていきたい。

1　家庭とは

　森岡氏らによると「家庭とは、夫婦・親子・きょうだいなど、少数の近親者を主要な成員とし、成員相互の深い感情的包絡（ほうらく）で結ばれた、第一次的な福祉追求の集団である」とある。

（1）家庭のあるべき姿

　家庭は、親、きょうだいなどによって構成される。子どもが誕生して、は

じめて出会うのが家族である。その人たちにあやしてもらい、お腹を満たし、快にしてもらい、ねむい、痛い、気持悪い、ぬれたなどの不快を快の状態に変えてもらう。他人には見せない笑みを見せるのである。言葉を発せない頃の乳児にとっては、くつろげ、癒される一番心地よい場所である。

　しかし、現在は家族の形態も変化しており、共働きで子どもと接するのは朝・晩のわずかな時間だけということもある。多忙で疲れてストレスがたまっているという親もいる。子どもとの短い接触時間に叱ったり、しつけがエスカレートして虐待に走っていることもある。乳児の虐待は、命に関わるだけに、未然に防ぐようまわりは援助しなくてはならない。家庭は情緒の安定が図れ、基本的生活習慣の自立、生き方などを学ぶところである。家に帰るとホッとし、明日へのパワーをたくわえられるところでありたい。「ウチだーいすき」「パパ・ママ大好き」でありたい。

（2）家庭環境

　赤ちゃんは、母親の胎内で守られ育まれて、「オギャー」と元気な産声をあげて誕生する。はじめて自分の力で呼吸し、生きていくのである。その出会いの第一歩である父、母、祖父母、きょうだいなどの家族に囲まれて育っていく。

　家庭環境は温かいものでありたい。子どもは成長して地域・社会・学校へと行動を広げていくのである。

　家庭環境は核家族・小規模家族・共稼ぎ・できちゃった婚・ひとり親・離婚などと多様に変化している。しかし、どのような状況があったとしても、その子どもにとっては、家庭が癒せるものであってほしい。家庭に恵まれない乳児には、それに代わる環境を提供していくのが、社会の役割といえる。

家庭（父親が撮影者）

（3）家庭の役割とは

①情緒の安定

　家庭は肉親の集まりである。大好きな両親・きょうだい・祖父母がいて、情緒の安定が図れる場所である。

　家族で食卓を囲み楽しい語らいの中で、食べるとおいしさも増加するだろう。筆者はきょうだいが多かった幼いとき、楽しく語らいながら食事をとった。ごちそうとはほど遠い食卓も、夕げの様子は楽しい思い出としてよみがえってくる。当時を振り返ってみると、偏食・拒食などは現在ほど深刻化しておらず、無縁のものであったかのように思う。

②基本的な生活習慣としつけ

　人が人として生きるために身につけておく必要のあるものが、生活習慣のしつけである。基本的生活習慣である食事・排泄・睡眠・着脱衣・清潔の自立は、日々繰り返し家庭で身につけていくものである。子どもの個性・特性を熟知している親によって行われるのが、最も効果的である。このしつけが行き過ぎることなく、放任にならないようにしたい。

　生活習慣を身につけるためには、例外をつくらず、繰り返すことが大切である。以前、保育所で排泄のトイレットトレーニングのことで、父親と面談したとき、「先生、20歳までおむつをしている人はいませんよね」と言われた。なぜ必要なのか、長時間かけて話し合ったが、父親には伝わっていなかった。排泄の自立は子どもの「自律」に大きく関係する。自分の行動をコントロールする大事なしつけであることを伝えていきたい。

③生き方を伝える

　子どもは、親の行動や姿を見て育っていくものである。子どもは親の鏡のような存在である。保育所の「ごっこ遊び」や「見立て遊び」で、家庭の出来事を再現することがある。もちろん保育所での出来事も、家庭で登場していることだろう。子どもは、普段のさり気ない出来事、会話、公衆道徳すべてそっくり模倣し、多くのことを認識していくのであろう。日本の伝統、芸

術を伝えるのも家庭の役割といえよう。

「子どもは親の言う通りには育たない。でもそっくりに育つ」のである。降園時に園児を迎えにきた父と子の後ろ姿を見ると、歩く格好、手の振り方が、まったくうりふたつ。思わずプーッと噴き出したほほえましい光景がよみがえってくる。遺伝子とはものすごいものである。

敬老の日の夕食で

　敬老のお祝いに家族で会食した。筆者の前に、長女の子ども（11歳）と、次女の子ども（8歳）が座った。
　孫が「ところで、ひいお婆ちゃんは生きていると何歳になるの？」と聞くので、「103歳よ」と答えた。すると、孫が「じゃあ今、生きているわけないか」と軽く言った。孫の発言でも、あまりいい気分ではなかった（この時点では少し冷たいなとも感じた）。
　孫　「どんな人だったの？」
　筆者「とっても、やさしい人だったよ。あなたたちのお母さんたちを、いっ
　　　ぱいかわいがってくれたのよ」
　孫　「うん、僕知ってる。お母さんがときどき話してくれるよ」
　　　娘もやるじゃない！
　孫　「逢ってみたかったなぁ」
　孫　「僕もだよ、逢ってみたかった」
　孫　「写真しか見たことないもんなぁ」と二人の孫が顔を見合わせていた。
　ホーッ、わが孫たちやさしい。ちょっと薄情だと思った筆者、大いに恥じる……子孫たちにはそう思ってほしいものである。

（4）地域、社会環境の変化

今、近隣関係が希薄になっている。昔の日本の住環境は、一軒家、長屋、アパートだったものが、高層マンション化し、近隣の住民とほとんど顔を合わさなくなった。わずらわしさを避ける若い夫婦も多くなっている。近隣住民とのトラブルを避けるため、あたりさわりのない生活をする人が増えている。

（5）少子化を食い止める保育所の支援

最近の人口構造は、合計特殊出生率が下がり生産に従事する人口が減る傾向にある。また、高齢者が増える傾向にある。これは日本の将来に大きく影響することになるであろう。

1989年（平成元）に合計特殊出生率1.57ショックにより、国・地方自治体は、保育施設・学校の空教室利用・子育て支援センターなど、子育て支援に取り

表1　出生数及び合計特殊出生率の年次推移

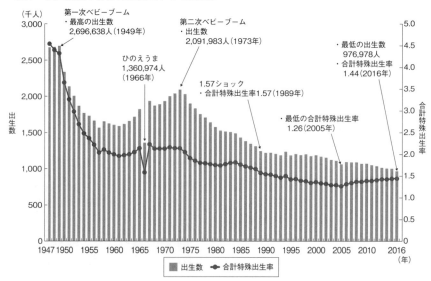

資料：厚生労働省大臣官房統計情報部「人口動態統計」

組み、少子化の食い止めに努めている。少子化の背景にあるものを取り除くことも大切である。国の施策にも期待するところであるが、保育現場だからできる支援もある。今、保育所に入所している親に「安心して子どもを産み、育てられる」と感じてもらえることで、第2子、第3子を産んでもらえるように努めることはできる。保育所は日々、親にそう思ってもらえるような保育を展開してほしいと思う。

（6）虐待の増加

　虐待が、年々増加傾向にある。とくに低年齢の子どもが、対象になっているケースが多くみられている。低年齢児への虐待は、命に関わることが多く、それらの報道には胸が痛む。2000年（平成12）に、児童虐待防止に関する法律が成立している。虐待が両親によってしつけと称され、それがどんどんエスカレートして、命を奪う結果になっている。虐待には、身体的虐待・性的虐待・心理的虐待・ネグレクトがある。

- **身体的虐待**：子どもの身体に外傷が生じ、または生じるおそれのある暴行を加えること。
- **性的虐待**：子どもにわいせつな行為をすることまたは子どもにわいせつな行為をさせること。
- **心理的虐待**：子どもに対する著しい暴言、著しく拒絶的な対応、子どもが同居する家庭における配偶者への暴力など。
- **ネグレクト**：子どもの心身の正常な発達を妨げるような著しい減食、または長時間の放置、保護者以外の同居人による虐待の放置など。

　いずれも、虐待を受けた側にとっては、大きな心の傷となり、大人への不信感・恐怖感を抱き、成長する過程で心理面で大きな傷となる。児童相談所における児童虐待の相談対応件数が2000年（平成12）～2010年（平成22）の10年間で、3倍以上に増加している実態が明らかになっているが、水面下ではもっとあるともいわれている。さらに2017（平成29）では、速報値で

133,778件となり、過去最多の件数となったことが報告されている。保育施設などで、未然に虐待を防止する施策を講じることが望まれる。生まれて間もない乳児を発作的に首を絞めたりするような子育て不安などは、地域の育児相談でくいとめていくよう配慮しなくてはならない。

表2　児童虐待の相談件数の推移

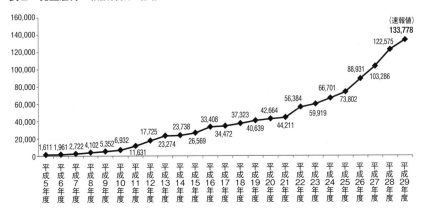

---

column

児童虐待　最悪354件

　昨年1年間に全国の警察が摘発した18歳未満への児童虐待は前年より19件増の354件となり、統計を取り始めた1999年以降で最多となったことが24日、警察庁のまとめでわかった。被害児童も前年比15人増の362人と過去最多で、このうち33人が死亡した。…（中略）…内容別では身体的虐待270件（前年比36件増）、性的虐待67件（同24件減）、奈良県桜井市で昨年3月、5歳男児が餓死した事件などのネグレクト（育児放棄）が17件（同7件増）。被害児童の年齢別では1歳未満が42人と最多だった。…（以下略）…。

（読売新聞夕刊　2011年2月24日付）

　1歳未満が42名と最多だったという報道には、心が痛むところである。このような虐待が減ることを願いたい。

2　保護者とのパートナーシップ

（1）保護者支援

　近年、家庭だけでの子育てが困難な状況がみられ、社会全体で子育て支援をしていかなければならない。保護者にとっては、とくに仕事と子育ての両立の負担は大きい。子どもと触れ合う時間が短いということが、不安を大きくしていることもある。保育関係者は、それを少しでも緩和する手立てやさまざまな環境整備をしていく必要がある。保護者が日々子育ての楽しさを実感でき、夢や希望をもてるよう支援することが大切である。子どもとの触れ合いは、時間の長短ではなく、スキンシップをしてギュッと抱きしめたりする深さであることも伝える。

　保護者の悩みをよく聞いて、保育所での子どもの小さな成長を一緒に喜び、子どものすばらしさを伝えていくことが保育者に望まれる。仕事と育児を両立しているがんばりに敬意をあらわしたり、子どもにとっては保護者がかけがえのない存在であることなども伝えることが大切である。

　今、保護者ががんばりすぎでストレスをため、心を病んだりする人が多くなっている。人間もゴムと同じで、延ばしすぎず、ときどき緩ませることも大切であろう。音楽を聴いたり、趣味などで心を癒し、精神衛生上のケアをしてほしい。保護者の悩み、相談事が、とても深い場合もある。担任一人では、抱えきれないときは、施設長（園長）、主任、同僚の保育者と組織全体で保護者の悩みを共有し、最善の方策を見いだしていく必要がある。

（2）家庭との連携の実際

　保育時間が長い保育所と保護者の連携は、保育を進める上、最も重要なことである。家庭と保育所は、車の両輪のような関係が望ましいといわれている。子どもたちの成長発達は、1日24時間が、スムーズに流れる必要がある。そのために、保育所は、保護者との密接な連携を保つことが大切である。しかし今日のような長時間保育では、保育者と保護者との連携方法が、かなり

> バイバイ！
>
> 　8か月のHくん。お迎えのとき「バイバイ！　また明日ね」と保育者が言うと、「先生、この子まだバイバイできません」と母親が答えた。
> 　「お母さん、今から言っておくと段々学習しますよ」と言うと、「ヘェー、そうなんですか」と母親は感心した様子。翌日、Hくんの手を取り「こうですね」とぎこちなく左右に振ってみせる母親の姿がみられた。

限られてくる。各保育所では、あらゆる方法を駆使して実施されている。その方法について例をあげていく。

〇た　よ　り：園だより・クラス・献立表・掲示板
〇懇　談　会：全体・クラス別・個別・随時・電話・メール
〇家　庭　訪　問：側面（外側）訪問（困難な場合もある）
〇保　育　参　観：日常保育・行事・父母会参加
〇日常送迎時：短時間でのコミュニケーション・さわやかな挨拶
〇連　絡　帳：日々の家庭・保育所での様子を記入

　保護者との連携が、うまくいくことは、保育所との信頼関係がむすべたことになる。これがうまくいくことは、保育の成功に大きな要素を占めるといえるほど、重要なことである。

　①連絡帳
　保育所（園）における子どもの状況をわかりやすく、ポイントを押さえて、エピソードを交えて記載したいものである。迎えに来た保護者が、連絡帳を食い入るように見ている姿を目にする。長時間子どもと離れて過ごす保護者にとっては、担任と話すことが限られた時間しかないため、連絡帳は何よりの情報源だろう。保育者は多忙な中、大変だと思われるが、日々努力し記入

している。これは子どもの育児記録にもなるのである。もちろん家庭の様子も親に記入してもらう。こうすることで保育者は子どもの家庭での過ごし方を知ることができる。しかし文章は、誤解を招くこともあるため、読み手側に立って記載することが大切である。「今日も元気でした」「変わりありません」だけでなく、エピソードを交えて工夫もしたい（連絡帳の例は第6章参照）。

②**クラスだより**

保育所では定期的にクラスだよりを発行して、保護者との連携を図っている。発行は月に1回～2回程度で保育所によって異なる。たよりは、保育の方針や子どもの園での生活の様子、保育予定や行事予定を保護者に知ってもらうために発行されるものである。

保育所の行事

アスパラ？

保育者「今日、おやつにアスパラをおいしそうに食べました」
母　親「エッ、うちの子、まだアスパラ食べられません。8か月ですよ」
保育者「お菓子のアスパラクッキーです」とサンプルケースを見せた。すると、
母　親「ヘェー、こんなお菓子があるんですか？」という反応。
保育者「歯がかゆい時期にいいですよ」と言うと、
母　親「ありがとうございます。すぐに買います。どこに売っているんですか？」とたずねられた。

図1 園だより・クラスだよりの例

3 地域・他機関との連携・子育て支援

（1）今、子育て支援は

　年々少子化をたどる中、国の施策では1989年の合計特殊出生率1.57ショックを受けて「エンゼルプラン」「新エンゼルプラン」「健やか親子21」「次世代育成支援」など、多くの少子化社会対策が策定され、子育て支援を後押ししている。

　少子化を食い止めようとする施策を受けて、地域では多くの機関で子育て支援に踏み切っている。地方公共団体では、多くのプランが実施されている。子育てに関する教育・福祉・労働・住宅・触れ合いフロア・学校の空き教室・ひろば事業・ファミリーサポートセンター事業が実施されている。認定こども園、保育所などの施設も関係機関と連携しながら、地域全体で子育て支援事業を展開している。

　筆者の所属する大学では、平成18年度より子育て支援連携研究センター「にこにこキッズ」を開設した。地域の親子の集いやホッとできる遊びの空間を提供した。連日、雨天や猛暑、雪の日でも施設が利用され、開設から3年半の期間で延べ3万5千人の利用者があった。所狭しと子どもの喜ぶ玩具を準備し、遊びの室内環境にはスタッフ一同で工夫をした。地域の親子、3歳未満児の癒しの広場となった。今、各地にこうした子育て支援センターは広がっている。

　現在は、ひろば事業として展開している。学生のボランティアも参加し、体験学習の場としても学生にとって乳児と関われるすばらしい場になっている。

子育て支援センターでの家庭支援の様子

（2）今後の子育て支援

近年、子育ては、家庭だけでは困難な状況がみられる。共働きで、育児と仕事の両立の難しさや、晩婚化、経済的理由などで、第2子を生めなかったり、親になった人もきょうだいが少なく子育ての経験がないなどもある。これらの背景を受け、社会全体で子育て支援をすることが必要となった。日本の人口が年々減っており、1989年（平成元）には、合計特殊出生率「1.57ショック」が起きた。1966年（昭和41）の丙午以来のことであり、この年の女子の出生を避ける日本の風習が出生率を低下させたのである。ちなみに前後の年は2.00を超えていた。

国は、少子化対策、子育て支援の施策を多く策定した。少子化は、わが国の社会経済に深刻な影響を与えることになる。安心して子どもを生み育てられる社会環境が望まれる。保育所でも、入所している子どもだけでなく、地域・国全体の子育て支援に関与しなくてはならない時代がきているのである。

4 保育士の資質の向上

（1）保育士の仕事

保育士の業務は、児童福祉法第18条の4に「児童の保育及び児童の保護者に対する保育に関する指導を行う」こととされている。また児童福祉法第48条の3に、保育所には乳幼児の保育相談に対応することが求められている。子どもの発達を援助する「保育」活動が展開され、ならびにその子どもが生活する基本的な場である。家庭や保護者に対する助言なども、主要な業務ということになる。

保育現場において、子どもの「生きる力」の基礎の育成や、子どもの現状に合った保育の工夫が求められている。また障害児など、特別な援助が必要な子どもへのきめ細かい保育や、子どもの虐待を未然に防ぐ手立て、地域の子育て支援も実施していく必要がある。保育ニーズが複雑化しているため、これまでの保育に比べて高い専門技術や資質が要求されるところである。

(2) 保育士の専門性

　保育士の専門性を探ってみると、近年目まぐるしく変化する社会状況の中で、2009年（平成21）に改定実施された保育所保育指針の第7章に保育士の研鑽(けんさん)の重要性が述べられている。

　本来子育てをすることにより、親も子どもとともに成長するものである。しかし、子どもと11時間以上離れて生活している状況の中では、親子のゆったりした時間が絶対的に少ないため、子どもの育ちを知り得ないことがある。

　保育士は、親子の触れ合いは、時間の長さでなく深さであることを伝える。癒される方法を具体的に保護者会などで伝えていき、「保育」を保育所とともに理解し、家庭での過ごし方が重要であることを知らせていきたい。とても難しいことであるが、避けて通れないことである。

保育のひとコマ

卒業生からのお便り

　先生！　元気ですか？　卒業のとき、あんなに不安がっていた私。今、2歳児6名の担任をしています。その中のK君のいたずらに、手を焼いていますが、叱っても、ちゃんと「先生、先生」と言ってくれます。保育士になってよかった！　と実感しています。またお便りします。

（3）乳児保育者に望まれるもの

　保育者に望まれることは、多々あるとあると思われるが、特に乳児保育にあたる者は、どうあるべきかについて以下にあげる。

・子どもの命を守る
・安全への配慮ができる
・事故防止に努める
・健康・保健への心がけができる
・体を使って楽しく遊ぶことができる
・健康であること（感染を防ぐ意味でも）
・明朗で、笑顔をたやさない
・ユーモアをもっている
・やさしい心、泣き声に敏感に反応する
・やさしい話しかけができる
・体力がある（抱く、おぶる）
・清潔感がある（つめ、髪、手洗い）
・四季を敏感に受け止める
・日々、研鑽に努める
・一人一人を大切にする
・保育をすることに幸福感を抱ける人

　保育を進めながら「かわいい」と思え、泣き声に敏感に反応し、子どもの命をしっかりと守り、心を受け止められる。人間性豊かな人が保育にあたってほしいと考える。

❖ 保育を進めるには

　保護者の就労を支えながら、家庭との連携を密にし、乳幼児の24時間の生活の流れがスムーズに流れるよう心がけたい。
　保育所での生活は、家庭に近いくつろげる保育環境づくりに努めることで

ある。また保護者の育児不安に対する相談に耳を傾け、入所児以外への相談も受け、保育所全体で取り組みながら、地域の子育て支援センターのような機能も進めていく必要がある。

（4）子育て支援をこれからも

　今日子育ては、大きな課題を抱えていることにふれてきた。家庭の育児機能が弱体化している実態もある。「少子化」が進んでいる背景には、地域・近隣関係の希薄化や社会環境も、子どもにとって望ましいものとはいえない状況がある。保護者は子育てに悩み、あるときは虐待におよぶことも少なくない。それらが「少子化」に拍車をかけているともいえる。

　近年、経済状況などで共働きの家庭が増し、保育施設への期待がみられる。希望している人々がすべて入所できる待機児童０を期待したい。子どもの健全な育成のため、保育に携わる人々の支援を必要とする現状もある。地域、国全体で、子育て支援に積極的に参加する必要がある。

おわりに

　筆者は実践を重ねた後、保育者養成に携わったことで、何をなすべきかが少し見えてきたように思う。20歳から子どもと過ごした保育、あるときは格闘しながら過ごした。実践者のみが伝えられる保育の実践学を学生に伝えていきたいと思っている。

　保育を志す学生たちが希望に燃え、目をキラキラ輝かせる中、保育の魅力を熱く語り続けたいと考えている。

演習課題

1. 保育者の子育て支援を具体的にあげてみよう。

2. 地域や国全体の子育て支援に関与しなくてはならない時代がきている。それらを具体的に考えてみよう。

3. 理想の保育者像について、グループで討議しあってみよう。

参考文献

- 森岡清美、望月嵩『新しい家族社会学　4訂版』培風館、1997
- 森上史朗監修、大豆生田啓友、三谷大紀編『最新保育資料集〈2011〉』ミネルヴァ書房、2011
- 社会福祉法人恩賜財団母子愛育会　日本子ども家庭総合研究所編『日本子ども資料年鑑2010』KTC中央出版、2010
- 厚生労働省編『保育所保育指針解説書』フレーベル館、2008
- 吉田眞理、髙橋一弘、村田紋子『児童の福祉を支える〈演習〉養護内容』萌文書林、2009
- 谷田貝公昭監修『6歳までのしつけと子どもの自立』合同出版、2002

参考資料

参考資料1　1歳児の年間指導計画の例（「養護・健康」部分）

○○　年度　　　　　1歳児　年間指導計画（養護・健康）
クラス目標　・保育者との関係をよりどころにしながら、ゆったりとした空間で一人一人が

	4・5月	6・7・8月	
期のねらい	・新しい環境に慣れ、それぞれが心地よい生活を送る。 ・身近な保育者と共に、一人一人興味のある遊びを楽しむ。	・一人一人興味のある遊びを十分に楽しむ。 ・戸外で自然に触れ、体を思いきり動かして遊ぶ。	
園の行事	・入園を祝う会	・プール開き　・夏まつり	
養護 生命の保持 情緒の安定	○一人一人の健康状態や発育・発達を把握し無理なく園の生活を送れるようにする。 ○家庭と連携をとりながら、適切な生活リズムをつくっていく。 ○清潔で安全な環境の中で、安心して過ごせる環境を整える。 ○個々のペースを大切にし、少人数で過ごすことを考える。 ○一人一人の子どもの気持ちをくみ取り、保育者との信頼関係を築くことで、情緒の安定をはかる。 ○子どもの自己主張を受け止めていく。	○一日の生活のリズムが整い、生活の流れに見通しをもって、安定して過ごす。 ○保健的で安全な保育環境を整え、気温の変化や体調に留意し、健康に過ごせるようにする。 ○水分補給をこまめに行い、快適に過ごせるようにする。 ○一人一人の気持ちを十分受け止め、安心して過ごせるようにする。	
健康(生活の営み) 食事 睡眠 排泄 着脱 健康, 清潔	○椅子に座り、スプーンを使って自分で食べる。（特定の保育者がゆったりと食事に向かえるように配慮する。） ○いろいろな食べ物を口にしてみようとする。（楽しい食卓をつくる、保育者も同じ物を一緒に食べてみる。） ○自分のリズムで心地よく眠りにつくようになる。（それぞれの睡眠リズムやクセなどを把握して調節していく。） ○眠る場所がそれぞれ決まってくる。（一対一でかかわるよい時間であるためゆったりと入眠するまで見守る。） ○心地よくオムツ交換される。 ○午睡明けにトイレに座ってみる。（ていねいな言葉がけをして一対一のコミュニケーションを大切にする。） ○着替えると気持ちがよいことに気づく。（言葉かけをていねいにしていく。） ○気候に合った衣服を着る。（個々の身体状態を把握する。）	○色々な食べ物を口にすることができる。（楽しい食卓をつくる。） ○安心して眠ることができる。（ゆったりと睡眠に誘う。） ○トイレに行き、気持ちよく座ってみる。（個々の排泄のタイミングを知る。） ○目覚めている時はパンツにする。（個々に合わせ、無理のないように誘う。） ○パンツ、ズボンの上げ下げを保育者と一緒に行ったり、自分でやろうとしたりする。（子どもが着脱しやすい環境を整える。） ○気持ちよく沐浴やシャワーをする。（個々に合わせ無理なく水に慣れるようにしていく。外遊びの後は沐浴をし、体の清潔を心がける。こまめに水分補給をする。）	
健康 (運動)	○歩く・走るなど全身を使って気持ちよく身体を動かす。 ○十分に身体を動かし、探索活動を楽しむ。 ○指先を使った遊びを楽しむ。（型はめ、チェーン落としなど）	○十分休息をとりながら、夏ならではの遊びを楽しむ。 ○車に乗る、押す、引っ張る経験や、坂道や階段の上り下りや固定遊具などからだを動かす。（一人ずつの発達の段階を把握し、子どもに合わせた手助けを行う。安全に配慮する。）	

ひよこ組

安心して過ごす。　・身近な保育者や子ども同士、楽しいと思える経験を積み重ねていく。

	9・10・11・12月	1・2・3月
	・戸外で自然に触れ、体を思いきり動かして遊ぶ。 ・自分でやってみようとする気持ちを大切に、保育者に協力してもらいながら自分でできることに挑戦する。	・まわりの子どもたちと共に、心地よい生活をおくる。 ・子ども同士の関係を広げていく。 ・一人一人の体調に配慮しつつ、天気のよい日は戸外に出て、メリハリある生活を送る。
	・プレイデー　　・フェスタ	・プレイデー　　・フェスタ
	○一日の生活の流れをつかむようになる。（午前のおやつの時間に、その日の活動などを話し、子どもにも見通しがつけられるようにする。） ○家庭との連携を密にし、冬の感染症予防や事故防止に努める。 ○簡単な身の回りのことを自分でしようとする意欲の芽生えを大切にしながら援助していく。 ○自己主張が強くでることでトラブルも予測されるが、子どもの思いをくみ取り、共感しながら、子どもと継続的な信頼関係を築いていく。	○年末年始などの休み明けは園での生活リズムを取り戻せるよう家庭との連携をとる。 ○家庭との連携を密にし、冬の感染症予防や事故防止に努める。 ○簡単な身のまわりのことを自分でしようとする意欲を大切にしながら、できた喜びに共感し、自信につなげていく。
	○食前に手を洗う気持ちよさを知る。（手洗い周辺の環境を整える） ○食器に手を添え、スプーンやフォークを正しく使って食べようとする。（言葉かけをていねいにしていく。） ○食卓でのコミュニケーションを楽しみ、食事の楽しさに気づく。（みんなで食べると楽しい・美味しいと感じられるように、大人も一緒に食べる。） ○自分から布団に入り、安心して入眠することができる。（ゆったりと睡眠に誘う。安心できる保育者とのかかわりを大切にしていく。） ○自分で靴やズボンを履こうとする。 ○衣服を自分で脱ごうとする。（自分でやろうという気持ちを大切にする。自分の持ち物の場所をわかりやすく配置する。）	○手洗い、手を拭くことが、ほぼ自分でできるようになる。（自分の持ち物の場所をわかりやすくする。） ○食前、食後の挨拶を言葉や動作で表す。食べ物に興味を持って進んで食べる。（子どもの意欲を大切にする。楽しい食卓をつくる。） ○自分から心地よく睡眠につく。（午睡の雰囲気をつくる。）
	○運動遊具を使って、走る、跳ぶ、登る、転がるなど全身を使って遊ぶ。（子どもの安全には十分配慮し、やりたい気持ちは尊重する。） ○三輪車を友だちの姿を見ながらやってみる。	○外遊びで十分体を動かす。（霜柱、氷、雪などに触れる。） ○室内でも巧技台やマットなどを使い、体を動かす遊びを楽しむ。

加藤敏子・岡田耕一編著『保育の計画と評価を学ぶ』萌文書林、2019、pp140-141

参考資料2　1歳児の年間指導計画の例（「人間関係・環境・言葉・表現」部分）

○○　　年度　　　　　　　　　1歳児　年間指導計画（人間関係・環境・言葉・表現）

	4・5月	6・7・8月	
人間関係	○特定の保育者との愛着関係をよりどころに、安心して一日を過ごせるようになる。 ○新入園児は、生活面を中心に一定の保育者がかかわることでその保育者との間に信頼関係が育つ。 ○保育者と触れ合うことで共に過ごす心地よさを感じる。 ○保育者との受動的・応答的なかかわりの中で、欲求を満たし、安心して生活する。 ○保育者に見守られながら、周囲の友だちに興味をもつ。	○いろいろな保育者と楽しく過ごせるようになる。 ○友だち同士、かかわり合って遊ぶ。（友だち関係が広がるよう保育者が一緒に遊んだり、ぶつかり合ったときはお互いの気持ちを代弁したり、それぞれの気持ちをくみ取る。） ○保育者との信頼関係ができ、安心して好きな遊びを楽しむ。 ○友だちとのかかわりを楽しみ、模倣や一緒にやってみようとする。	
環境	○安全な環境の中で、自分の好きな玩具を見つけ、興味ある場所におもむく。 ○外遊びでは自然に親しみ、砂や土に触れ感触を楽しむ。（安全・清潔に注意する。） ○季節の行事に無理なく参加する。	○安全な環境の中で、玩具や絵本、遊具などに興味を持ち、それらを使った遊びを楽しむ。 ○水遊び、プール遊びでは水の気持ちよさを感じる。 ○砂や土など自然物に触れて、手触りや性質を知り、興味を持って体験していく。 ○身近な小動物や虫など見たり触れたりして興味や関心を持つ。	
言葉	○保育者の言葉を真似したり、指差しや身振り、片言などで自分の思いを伝えようとする。 ○保育者との応答的なかかわりの中で、一語文、二語文など自ら言葉を使おうとする。 ○保育者に絵本を読んでもらうことを楽しむ。（子どもと一対一、あるいは少人数で絵本を読む機会をつくる。）	○名前を呼ばれて返事をする。 ○保育者や友だちの言葉に興味を持ち、自ら使おうとする。 ○好きな絵本を保育者や友だちと一緒に読んでもらうことを喜ぶ。（いろいろな本を用意し、子どもが自由に手に取れるようにする。） ○日常の簡単な挨拶を言葉で言おうとする。	
表現	○保育者と一緒に簡単な歌遊びや手遊びを聴き楽しむ。（わらべうた、あそびうたなど。） ○クレヨン、絵の具を使って自由に遊ぶ。（安全な用具の準備、少人数で導入し、子どものやりたい気持ちを大切にする。仕上げた作品の扱いなどの配慮をする。）	○小麦粉粘土を楽しむ。 ○音楽に合わせて体を動かして遊ぶ。 ○簡単な歌を歌う。 ○絵の具、色水遊びなどを楽しむ。	
クラス運営	○好きな遊びを選べるように、コーナー遊びの場所を固定し、自由に玩具の出し入れができるようにしておく。 ○個人の持ち物が保護者に出し入れしやすいよう環境を整備する。 ○個々のペースで生活できるように、入室から睡眠までの時間など配慮する。（新入園児） ○安心して生活できるように、小グループ制をとり、保育者とのコミュニケーションを大切にする。 ○子どもたちの動き、興味を基本に、保育者は臨機応変に動く。	○体調を崩しやすい時期であるため、休息を十分取り、子どもたちの体調管理に気をつける。 ○水遊びは、家庭との連絡を取りながら無理のないように進める。 ○保健衛生に留意し、ゆったりと過ごせるようにする。 ○保育者の夏季休暇の時は、担任間の連絡などをこまめに取り合うよう心がける。	
家庭との連携	○新しい部屋の使い方、準備などていねいに伝えていく。 ○4月当初は、保護者との関係づくりを、担任と1対1で行うことを心がける。 ○連絡ノートだけでなく、朝夕の時間も大切にする。 ○クラス懇談会を行う。	○帽子・水着の用意、汗をかくため、着替えを多めに用意してもらう。 ○個人面談をする。	

ひよこ組

	9・10・11・12月	1・2・3月
	○一人遊びから、徐々に友だちとで一緒に遊ぶことを楽しむ。（いろいろな遊びを提供すると共に、複数で一緒に遊ぶ楽しさを知らせていく。） ○大人の真似をしたり、他児の真似をしたりするなど、子ども自身からの働きかけが多くなる。 ○子ども同士の間でぶつかり合いが起こってくる。（保育者が仲立ちとなりそれぞれの子の気持ちをくみ取る。） ○保育者に見守られる中で、安心して好きな遊びを楽しむ。 ○気の合う友だち数人で同じ遊びを楽しむ。（保育者もかかわりながら、遊びの流れを見守る。）	○保育者と子ども相互の信頼関係をとおして、自分に自信を持ち始める。 ○皆で過ごすことの楽しさや安心感を知る。 ○一人一人のイメージが、他の子にも伝わり、一つの遊びへとつながる。 ○友だちとのかかわりが増え、一緒に遊ぶ楽しさを感じる。 ○生活や遊びを通して、友だちとかかわることを楽しむ。 ○かくれんぼなど、みんなで一緒の遊びを共有する。
	○安全な環境の中で、玩具や絵本、遊具などに興味を持ち、それらを使った遊びを楽しむ。 ○戸外遊びや散歩などで、どんぐりや落ち葉を拾ったり、木の棒で遊んだりと秋の自然に触れて遊ぶ。（安全には十分配慮する。子どもの興味や関心を尊重する） ○季節の行事に楽しんで参加する。	○冷たいものに触れ、寒さを感じる。 ○自然のもの（葉・木・枝・実など）を使った砂場遊びをする。（砂場遊びの遊具の管理） ○季節の行事に興味をもって参加する
	○簡単な言葉で、自分の思いを伝えようとする。 ○言葉を伴ったやりとりをしながら友だちと遊び、会話を楽しむ。（ときには保育者が代弁する） ○絵本や紙芝居を見ながら、繰り返しのある簡単な言葉のやり取りを喜ぶ。 ○親しみを持って日常の挨拶をする。	○生活や遊びの中で簡単な言葉のやり取りを楽しむ。 ○いろいろなおもちゃを別の物に見立てて、言葉のやりとりを交えながら、ごっこ遊びを楽しむ。（保育者も一緒に楽しみ、ときにはそれぞれの気持ちを言葉に置き換えていく。） ○同じ絵本を複数の子どもたちで楽しむ。（紙芝居、絵本などをみんなで楽しむ機会をつくる。）
	○遊びながら好きな歌を口ずさむ。 ○簡単な楽器を鳴らして楽しむ。（太鼓のようなものを用意し、楽しめるようにする。） ○木の実、落ち葉などを使って製作を楽しむ。 ○粘土など、手での感触を楽しみ、いろいろな形を作ってみる。	○いろいろなわらべうた、歌、踊りを保育者と一緒に楽しむ。 ○保育者や友だちと一緒にリズム遊びを楽しむ。 ○季節の行事に合わせた製作を楽しむ。（雪だるま、鬼のお面、ひな人形など。）
	○子どもたちの興味や関心に合わせた遊具を用意する。 ○子どもたちの食事、睡眠の様子に合わせて、グループのメンバーを見直す。 ○散歩先での遊びに、見通しを持つ。（固定遊具・追いかけっこ・かくれんぼなど。）	○流行性の病気に気をつけ、健康管理に努める。 ○2歳児クラスへ向けて、2歳児クラスのトイレを使ってみたり、2歳児クラスで遊ぶなど、無理なく移行できるように考えていく。
	○行事に向けて、子どもの様子を伝える。 ○保育参加を呼び掛ける ○防寒着を用意してもらう。	○懇談会を開き、現在の様子を伝え、進級に備える。 ○必要な保護者とは、個人面談を行う。

加藤敏子・岡田耕一編著『保育の計画と評価を学ぶ』萌文書林、2019、pp142-143

参考資料3　1歳児の月間指導計画の例（9月）

年度　　9　月　　　　　　　月間指導計画と記録

今月のねらい	
○ 保育者と一緒に体を動かして遊ぶことを楽しむ。 ○ 身のまわりのさまざまなことを自分でしようとする。 ○ 身近な自然に触れ、戸外遊びや散歩を楽しむ	

	内容（項目ごとのねらい）	
養護 　生命の保持 　情緒の安定	○ 気温の変化や体調に留意し、健康に過ごせるようにする。 ○ 身のまわりのことを自分でしようとする意欲を大切にする。	
健康（生活の営み） 　食事（ほ乳） 　睡眠 　排泄 　着脱 　健康・清潔 　生活リズムと 　見通し　など 　（運動）	○ 食前に手洗いをする。(高月齢) ○ スプーンで上手に食べられるようになる。 ○ みんなで一緒に食べることを楽しむ。 ○ 秋の味覚を感じる。 ○ 安心して眠り、午睡明けの目覚めがよくなる。 ○ 排尿の感覚を感じる。 ○ 自分で靴やズボンをはこうとする。 ○ 戸外遊びや散歩を楽しみ、歩く、走る、跳ぶ、くぐるなど全身を使った遊びを楽しむ。	
人間関係 環境 言葉 表現	○ ひとり遊びから、他児と一緒にいたり遊んだりすることが楽しくなる。 ○ 保育者の真似をしたり、他児の真似をしたりかかわりを楽しむ。 ○ 子ども同士気持ちのぶつかり合いが出てくる。 ○ 暑い日には水遊び・泥遊びを楽しむ。 ○ 保育者や友だちと一緒に追いかけごっこを楽しむ。 ○ 季節の素材を使って簡単な製作を楽しむ。 ○ ひも通しなど手先を使った遊びを楽しむ。 ○ 季節の歌を楽しむ。"どんぐりころころ""とんぼのめがね"など。	

家庭との連携	クラス運営
○ 保育参加を呼びかけていく。 ○ 保育時間の変更など、情報交換を密に行う。 ○ 排泄の様子を伝えながら、場合によって布パンツの用意をお願いしていく。	○食卓の担当を9月から変える。 　個別配慮 ○生活面をていねいに見ていく。

ひよこ　組　（1　歳児）		園長印

保育の振り返り・来月に向けて
月のなかば、月末に記載

配慮点・具体策	ふりかえり・子どもの姿
○ 夏の疲れで体調を崩しやすい時期なので、休息や睡眠を十分にとって快適に過ごせるよう配慮する。 ○ 気温の変化に合わせて衣服の調節をし、戸外遊びや活動的な遊びの後には水分を多めに取る。 ○ 自分でしようとする気持ちを受け止め、励ましたり、ほめたりと、子どものやる気につなげていく。	月の半ば、月末に記載
○ 手洗いを習慣化していく。 ○ 個別にスプーンの正しい持ち方を誘っていく。 ○ 梨・サンマなど旬の食材に触れる機会を用意し、大事にしていく。 ○ 睡眠時間を子どもの様子によって臨機応変に配慮していく。 ○ 着脱など自分で履けるように促す。できるところは見守っていく。 ○ 高月齢の子は日中パンツで過ごし、排泄の間隔を知っていく。低月齢の子はトイレに座ってみるなど興味を持つ段階を大事にする。 ○ 安全に配慮しながら、十分に体を動かす経験を持てるようにする。	月の半ば、月末に記載
○ 少人数に分かれ、例えば低月齢の子どもと高月齢の子どもで別れたり、メンバーを変えたりするなど子ども同士関わる時間を作っていく。 ○ 一緒に過ごすことが楽しいという気持ちを共感できるように、保育者も間に入りながら遊びを充実させていく。 ○ けがにならない程度に、ぶつかり合う経験も大切にしながら保育者が仲立ちとなり、互いの思いを言葉で伝えていけるよう働きかける。天気を見ながら、暑い日は水遊びができるようにミニプールやベビーバスを用意していく。 ○ ぶつかったり転んだりすることも予想されるため、安全に留意する。 ○ どんぐり・落ち葉などを使って簡単な製作をする。のりを使う際は使い方をしっかり伝えていく。 ○ 手先を使った遊びができるように、遊具を用意する。(ひも通し・ピンさし・粘土など) ○ 季節の歌を子どもたちと一緒に楽しむ。	月の半ば、月末に記載
（かみつきやひっかきが増えているので未然に防ぐように、保育者の位置などを再確認）	ふりかえり 月末に記載

加藤敏子・岡田耕一編著『保育の計画と評価を学ぶ』萌文書林、2019、pp144-145

参考資料4　1歳児の個人別月間指導計画の例（9月、低月齢児：1歳8か月児）

年 9月　　個人別月間計画と記録　　氏名　　I さん　（1歳8か月）　　　ひよこ組

	計画・配慮点	子どもの姿・振り返り
おもな配慮点	○ 子ども同士のかかわりが広がっていけるよう保育者が仲立ちとなる。 ○ 運動遊びを楽しむ。	○ 月齢の近い友だちとのかかわりが増えている。トラブルになったときには手が出てしまうこともある。 ○ スプーンを持ってはいるものの、手づかみで食べることが多い。声をかけるとスプーンで食べている。 ○ 歩行がしっかりとしてきており、10分ほどの道のりを往復できる。
養護 健康 食事・睡眠・ 排泄 他	○ 食べられる食材が増える。 ○ スプーンでの食事がスムーズになる。 ○ 排尿の感覚が開いてきているため、様子を見てトイレに誘ってみる。 ○ 疲れ具合に配慮をしながら日中の活動を考えていく。	○ 食べるとき、勢いがよくあまり噛んでいないときもある。苦手なものは口に入れても出してしまう。 ○ トイレに誘っても嫌がることが多いが、午睡明けには成功することもある。 ○ 排尿の間隔は1時間半〜2時間ほどと長くなってきている。 ○ 週末に39度の熱を出すが、インフルエンザではなかった。
健康（運動） 人間関係 環境 言葉 表現	○ 戸外で思いきり体を動かす。（追いかけっこなど） ○ 他児への興味が広がり、かかわっていく。（トラブルに注意する） ○ 自己主張が出てきて、他児や保育者に気持ちを訴える。散歩に出かけ、自然に触れて遊ぶ。 ○ 暑い日は水遊びを楽しむ。 ○ 言葉が増え、動作も交えて思いを伝えようとする。 ○ ままごと、絵本、積み木などの室内遊びをじっくりと遊ぶ ○ 絵具やクレヨン、小麦粉粘土に親しむ。	○ 散歩先のような初めての場所でも戸惑わずに遊んでいる。 ○ 自分から進んで、友だちとかかわる姿がみられる。幼児クラスの中にいてもマイペースで遊んでいる。砂場で容器に砂を入れては、保育者に「どーぞ」と言って渡し、保育者が「ごちそう様」というと嬉しそうに何度も繰り返して遊んでいる。 ○ 保育者の言葉を模倣し、発音もはっきりしてきた。自分の名前を言い、友だちの名前も呼べるようになってきた。保育者の話しかけを多くし、言葉の発達を刺激していく。 ○ 小麦粉粘土の感触が楽しい様子で、手でこねたりたたいたりして楽しんでいる。
家庭との連携 その他	○ 園で様子・家庭での様子をこまめに伝えていく。 ○ 家庭でもトイレに誘ってもらうよう連絡を取り合う。	○ 連絡ノートでのやり取りが中心なため、詳しく書くようにしていく。

加藤敏子・岡田耕一編著『保育の計画と評価を学ぶ』萌文書林、2019、p146

参考資料5　1歳児の個人別月間指導計画の例（9月、高月齢児：2歳5か月児）

年 9月　　個人別月間計画と記録　氏名　T　くん　（2歳5か月）　　　ひよこ組

	計画・配慮点	子どもの姿・振り返り
おもな配慮点	○ 子ども同士のかかわりや遊びを楽しむ。 ○ 保育者に甘えたい気持ちも受け止め、個別にかかわるようにしていく。	○ 友だちと二人で三輪車に乗って遊ぶ姿がみられた。 ○ 自分でできることが増えている反面、保育者に甘えたい気持ちが強い。受け止めて、ていねいなかかわりが必要だと感じる。
養護 健康 食事・睡眠・排泄 他	○ ゆっくりとよく噛んで食事をする。 ○ 食器に手を添えて食べる。 ○ トイレで排尿する。日中はパンツで過ごす。 ○ 着脱など自分でできることはやってみる。（保育者に甘えたい気持ちは受け止める）	○ 急いで食べることもあるが、保育者が声をかけたり、一緒に食べることで、よく噛んで食べようとする姿が見られる。 ○ グループの中で、話をしながらも楽しい雰囲気の中で食事をしている。 ○ 日中の排泄の失敗は少なくなってきたが、午睡中はおむつの中に排尿をしてしまうことが多い。 ○ 着脱など意欲的に行ってはいるものの、午睡明けや眠いときは保育者に甘えて「できない」ということがある。甘えたい気持ちを受け止めていきながら少しずつ自分でできるよう励ましていく。
健康（運動） 人間関係 環境 言葉 表現	○ 戸外で思いきり体を動かす。（鬼ごっこなど） ○ 気の合う友だちと一緒に過ごすことが増えてくる。 ○ 子ども同士のぶつかり合いやかかわりの中で、相手の気持ちを感じる。 ○ どんぐり拾いなど、季節感が味わえる遊びを楽しむ。 ○ 暑い日は水遊びを楽しむ。 ○ 自分の気持ちを言葉で伝えようとする。 ○ ごっこ遊び、見立て遊び（電車ごっこ、お店屋さんごっこなど）する。 ○ 紐通しや型はめパズルなど手先を使った遊びをする。	○ 友だちとの玩具の取り合いが頻繁にみられる。友だちの玩具を取ってしまっても「とも君が先に使ってた」と意見を主張する。少しずつ、友だちや保育者の気持ちを伝えることが必要である。 ○ 年長児に兄がいるため、年長児の中に入っていくことが多い。安全に注意しながら見守りたい。 ○ 散歩先ではどんぐりを拾い、迎えに来た母親にうれしそうに見せていた。また、休みの日に拾った別の種類のどんぐりを保育者や友だちに誇らしげに見せていた。 ○ 夏の初めは水を怖がっていたが、友だちが頭から水をかけても、両手で急いで水をぬぐってはいるものの、泣くことはなくなった。 ○ 紐通しは黙々と長い時間集中していた。パズルも全部型に入れてはまた全部だし、繰り返し遊んでいた。
家庭との連携 その他	○ 連絡ノートで園の様子をていねいに伝え、直接会えたときは、コミュニケーションを大切にする。	○ 家庭でも日中はおむつを外して過ごしているとのことであった。

加藤敏子・岡田耕一編著『保育の計画と評価を学ぶ』萌文書林、2019、p147

● 編著者紹介 ●

加藤敏子（かとう・としこ）

〈第1・2・6・7章〉

聖徳大学大学院児童学研究科博士前期課程修了、児童学修士。東京都世田谷区立保育園園長、東京都大田保育学院専任講師、聖徳大学短期大学部、聖徳大学大学院児童学研究科教授、聖徳大学児童学部教授、聖徳大学内おやこDE広場「にこにこキッズ」責任者、学研アカデミー保育士養成コース所長などを歴任。聖徳大学名誉教授。主な著書に、『保育の計画と評価を学ぶ』『保育課程論』（萌文書林、編著）、『保育学概論』『保育ミニ辞典』（一藝社、共著）、『6歳までのしつけと子どもの自立』（合同出版、共著）、『保育原理』（聖徳大学、共著）などがある。

● 執筆者紹介 ●

冨永由佳（とみなが・ゆか）

〈第3～5章〉

聖徳大学大学院児童学研究科博士前期課程修了、児童学修士。元公立保育園保育士、聖徳大学児童学部兼任講師、目白大学人間学部非常勤講師、帝京科学大学児童教育学科非常勤講師、聖セシリア女子短期大学准教授を経て、現在、学研アカデミー保育士養成コース所長。主な著書に、『保育の計画と評価を学ぶ』『保育課程論』（萌文書林、共著）、『人間関係』『保育者論』『こども心理辞典』（一藝社、共著）、『人間関係』（ミネルヴァ書房、共著）などがある。

● 撮影協力 ●
聖徳大学内おやこDE広場「にこにこキッズ」

● DTP ●
本薗直美

● イラスト ●
鳥取秀子

● 装幀・本文デザイン ●
永井佳乃

（敬称略／〈 〉内は執筆担当箇所）
※現職所属は第3版執筆時のものです。

乳児保育
一人一人を大切に

2011年10月5日	初版第1刷発行
2014年9月1日	初版第5刷発行
2015年4月1日	第2版第1刷発行
2018年3月25日	第2版第4刷発行
2019年4月19日	第3版第1刷発行
2024年4月1日	第3版第5刷発行

編著者　加 藤 敏 子

著 者　冨 永 由 佳

発行者　服 部 直 人

発行所　㈱萌 文 書 林

〒113-0021　東京都文京区本駒込6-25-6
Tel. 03-3943-0576　Fax. 03-3943-0567
http://www.houbun.com
info@houbun.com

印刷・製本　モリモト印刷株式会社

ISBN 978-4-89347-342-4 C3037

定価はカバーに表示されています。
落丁・乱丁本はお取り替えいたします。
本書の内容の一部または全部を無断で複写（コピー）することは、
法律で認められた場合を除き著作者及び出版社の権利の侵害になります。
本書からの複写をご希望の際は、予め小社宛に許諾を求めてください。

©Toshiko Kato 2011 Printed in Japan